中外文稀有版本文献

《哲学的贫困》

⑤

哲学底贫困

[德] 卡尔·马克思 ◎ 著
何思敬 ◎ 译

中央编译出版社
Central Compilation & Translation Press

《哲学的贫困》的出版与传播

（代序）

蒲鲁东的《贫困的哲学》发表于1846年，从恩格斯给马克思的信中可知，马克思迅速做出反应并于1847年1月开始用法文写《哲学的贫困》。1847年4月初，这部著作基本完成并付印。6月15日，马克思为该书作了序言。1847年7月，《哲学的贫困》交卡·格·福格勒出版社在布鲁塞尔出版，共印800册，其中的150册运交给巴黎的出版商弗兰克，因而弗兰克的名字也刊印在《哲学的贫困》的扉页上。在这之后，在马克思的有生之年里，法文版《哲学的贫困》没有再版。

一　《哲学的贫困》在马克思和恩格斯生前及欧美世界的传播

《哲学的贫困》出版不久就产生了实际的影响，恩格斯在1847年9月给马克思写信，告诉他一个消息，即海尔贝格在比利时工人协会的会议上用法语作了一个演说，海尔贝格表示，"工人协会"是他最近几个月来所追求的目标，并且指出，他之所以坚定了这个信念是"有幸读了《哲学的贫困》最后一章"[①]。

① 《马克思恩格斯全集》第47卷，北京：人民出版社2004年版，第474页。

然而，这部著作最初的发行还有一些波折。在当时，每一本新书出版后，出版社都会给作者一定数量的免费赠书，这样，作者可以将这些免费赠书有选择地赠予有关人士，从而达到宣传或推销的目的。马克思也在《哲学的贫困》出版后制定了一个赠书名单，其中包括路易·勃朗。恩格斯与路易·勃朗的多次接触和交谈过程中发现他并未得到《哲学的贫困》，直到 1847 年 11 月 13 日，恩格斯“才终于出乎意料地知道”[①]，出版商弗兰克给每本赠书加收 15 苏[②]，以致大量的书积压在弗兰克手中，没有及时传播。

《哲学的贫困》法文第一版的印数不多，传播和发行渠道又受到政府的管制，因此总体效果不够理想。1880 年，法国的茹尔·盖得的机关报《平等报》编辑部向马克思提出请求，希望可以刊登转载《哲学的贫困》中的几个段落。马克思同意，并专门写了《关于〈哲学的贫困〉》的引言，阐述了重刊此书的历史意义，但是完整的版本也未能再版。马克思生前的这个唯一的版本还曾在俄国传播，他在致库格曼的信中写道，他找不到任何一个地方像俄国那样普及他的一些著作，例如《哲学的贫困》和《政治经济学批判》。实际上，早在 19 世纪 40 年代，俄国先进的社会人士和政治活动家就已经熟知科学共产主义创始人的最重要著作，其中包括《哲学的贫困》法文第一版，它出现在彼得拉舍夫斯基派的图书馆里。

1885 年 1 月下旬，经恩格斯审定，伯恩施坦和考茨基合译的《哲学的贫困》德文第一版在斯图加特出版。根据马克思在 1876 年 1 月 1 日送给娜·吴亭娜的一本 1847 年法文版上的修订，在校订过程中，恩格斯对文本做了许多的修改，加了许多注释。在附录中，恩格斯还收入了几篇相关文章：(1) 马克思《论蒲鲁东》一文，摘自 1865 年《社会民主党人报》；(2) 1859 年柏林出版的马克思《政治经济学批判》的片断，即约翰·格雷提出的劳动货币交换乌托邦一段；(3) 马克思于

① 《马克思恩格斯全集》第 47 卷，北京：人民出版社 2004 年版，第 494 页。

② 比利时当时的货币单位。

1848年发表的《关于自由贸易问题的演说》，“这个演说和《哲学的贫困》属于著者的同一个发展时期”①。更为重要的是，恩格斯在为其所作的序言中，通过批判德国崇拜“国家社会主义”的理论家、经济学者洛贝尔图斯，揭示了马克思的经济学说在19世纪40至60年代的创立过程，这使得德文第一版《哲学的贫困》在19世纪80年代更具有现实意义。

一般说来，《哲学的贫困》出版后过了40年才开始真正产生影响。在19世纪60年代，虽然当时有针对德国社会民主党的“非常法”，但工人革命运动的政治力量还是增长了。在马克思于1883年逝世后没几天，在哥本哈根举行的社会民主党代表大会的与会者们便决定以无愧于马克思学说创始人的方式来宣传他的学说。此时，除了中央机关报《社会民主党人报》外，理论刊物《新时代》也作为社会民主党的定期刊物开始出版发行。一年后，德国社会民主党在1884年10月举行的国会选举中获得了约550000张选票和24个议席。1883年，恩格斯的著作《社会主义从空想到科学的发展》的德文版发行了，《共产党宣言》出了新德文版，恩格斯最关心的《资本论》第1卷德文第三版也问世了，1884年还出版了恩格斯的著作《家庭、私有制和国家的起源》。这种强大的攻势并没有到此为止。1885年初，由爱德华·伯恩施坦和卡尔·考茨基主持并受到恩格斯关怀的马克思的《哲学的贫困》德文版出版了，只有出了这个德文版，这部著作才获得了世界的承认。随后《资本论》第2卷德文第一版和《反杜林论》第二版出版。其中，马克思的《哲学的贫困》为社会民主党提供了重要的论据，当时，德国社会民主党是国际工人运动中最先进的部分，按照恩格斯的评价，它最懂得在阶级斗争的三个方面，即在经济、政治和理论方面互相配合、互相联系，并有计划地领导阶级斗争。

① 《马克思恩格斯文集》第4卷，北京：人民出版社2009年版，第214页。

在《资本论》第1卷出版后，洛贝尔图斯著文指责马克思“剽窃”了他，并且“不指明出处”就大量使用了他的著作《关于我们国家经济制度的认识》。实际上，马克思在世时，既没有读过洛贝尔图斯的上述著作，也没有读到他的指责，因而马克思没有对这种无端的指责进行驳斥。马克思逝世后，恩格斯为马克思作了公正的辩护。他对洛贝尔图斯的答复一部分放在《资本论》第2卷的序言里，另一部分则放到了《哲学的贫困》的序言中。“没有别的办法，因为这两本书将同时出，而指责是洛贝尔图斯本人十分明确地提出来的。在《资本论》里我得庄严郑重，而在《贫困》的序言里我可以畅所欲言。”[①] 在《哲学的贫困》的序言中，恩格斯指出，洛贝尔图斯所谓的马克思从他那里借用的思想，英国的经济学家早就表述过，是洛贝尔图斯的“惊人的无知”才造成了他的“肆意诽谤”。1885年1月初，这篇序言就以《马克思和洛贝尔图斯》为题刊登在《新时代》杂志第1期上。

马克思的《哲学的贫困》恰恰在当时具有一种马克思从未料到的意义。恩格斯利用这个机会提醒人们参悟马克思的《资本论》，相反，几个月后恩格斯在《资本论》第2卷的《序言》中又提醒人们参看马克思的《哲学的贫困》。如果没有马克思主义的主要著作《资本论》自1867年以来产生的影响，我们很难想象马克思的《哲学的贫困》会产生什么样的影响；这两者具有不可分割的联系，相互影响。卡尔·考茨基1886年在《新时代》上发表的一组文章《〈哲学的贫困〉与〈资本论〉》提醒人们注意这一联系，从中，主要是社会民主党的干部、议员和编辑们得到了重要的指导方针。马克思虽然在1883年逝世了，但他的学说却越来越成为工人运动的思想指针，并使一般精神生活革命化了。

在恩格斯逝世前后，《哲学的贫困》又出版了几种译本：1891年，在西班牙的马德里出版了由梅萨翻译的《哲学的贫困》的修订第一版；

① 《马克思恩格斯全集》第36卷，北京：人民出版社1975年版，第202页。

1892年，德文第二版出版；除德文第一版序言外，恩格斯又为其作了一篇简短的序言，纠正原文中两处不准确的地方；1895年，意大利文第一版在博洛尼亚出版。恩格斯逝世后，1896年，马克思的女儿劳拉·拉法格整理的法文版第二版出版，该版也根据马克思送给娜·吴亭娜一书上的修正做了更正。其实，早在1885年恩格斯出版德文第一版时，劳拉·拉法格也正准备出版法文第二版，但是这一版的准备工作拖延了。直到恩格斯逝世以后，这一版才在巴黎出版。1898年，由巴加洛夫翻译的保加利亚文第一版在瓦尔纳出版；1900年，由科维尔奇翻译的英文第一版在伦敦出版；等等。从那时起，《哲学的贫困》被翻译为30多种文字在许多国家出版。以英文版为例，《哲学的贫困》至今已经发行了很多版本并多次再版。

英文版中引用最多、最为权威的版本是1976年出版的《马克思恩格斯全集》第4卷，英文版编者对《哲学的贫困》的基本概括一直影响着英语世界，如“马克思的《哲学的贫困》是成熟的马克思主义的最早著作之一”，“《哲学的贫困》是马克思作为一个经济学家的初次公开露面”，“这是第一次发表的概述马克思经济学理论基本论点的著作，这些论点是形成马克思主义政治经济学的出发点”，“在《哲学的贫困》中，马克思简洁而明确地表达了唯物主义历史观的本质”①，等等诸如此类的判断。

目前为止，欧美世界主要语种均出版了《马克思恩格斯全集》，包括英语、德语、法语、西班牙语、葡萄牙语、塞尔维亚语、波兰语、匈牙利语等，而各种语言的《马克思恩格斯全集》中无一例外均收录了《哲学的贫困》，因此，可以说，《哲学的贫困》是马克思、恩格斯经典著作中在欧美世界普及率最高的著作之一。

① *Karl Marx Frederick Engels Collected Works*, Volume 6, pp.7-8.

二 《哲学的贫困》在苏联的传播①

十月革命前后，《哲学的贫困》在俄国的普及率极高，从1886年第一个俄译本出现到苏联时期多次重译与再版，无不体现着这部著作对苏联民众的巨大影响，从而间接影响到我国：因此，厘清《哲学的贫困》在十月革命前后的出版历史，对我们在当今时代审视《哲学的贫困》的重要思想，具有不可或缺的启示意义。

1883年8月，第一个俄国马克思主义团体“劳动解放社”在日内瓦成立，它在成立之初随即发出了“关于出版《现代社会主义丛书》的通告”，从这时起，马克思恩格斯著作的俄译本就在这套丛书内作为该社的正式出版物发行。一方面，由于该社的译本都在国外出版，且是全文，避开了书报检查制删减的威胁。另一方面，恩格斯给劳动解放社的出版活动提供了大量帮助。所以，劳动解放社的译本是十月革命前期的最优秀的译本。

在1884年3月2日，查苏里奇就致信恩格斯，请求他允许他们将《哲学的贫困》以俄文出版，并希望恩格斯把当时打算为准备付印的该书德文第一版所写的序言寄去，再看看校样提出意见。四天后，恩格斯致信查苏里奇：“《哲学的贫困》俄文译本出版的日子，不论对我或对马克思的女儿们来说，都将是一个节日。不言而喻，我是很愿意把对您也许有用的一切材料提供给您的。我的意见如下：除了德文译本，目前正在巴黎出版一个新的法文版本。我正在为这两个版本写一些注释，我将把注释的全文寄给您。马克思在柏林《社会民主党人报》（1865年）上发表的一篇《论蒲鲁东》的文章，可以用来作为序言，这篇文章差不多完全包括了我们所需要的东西……这篇文章只

① 这部分内容参照了姚颖的论文，《〈哲学的贫困〉在马克思恩格斯逝世前后及苏联时期出版史述要》，载《新东方》2009年第12期。

保存下来一份……如果在马克思或我的文稿里找不出第二份（几星期之内我就可以知道），那么您能很容易地通过伯恩施坦弄到一个抄本。我一定要给德文版专门写一篇序言……在我看来，俄国读者对此恐怕是不会感兴趣的，因为我们的冒牌社会主义者还没有渗透到他们当中去。但是，您对这一点会有自己的看法，这篇序言如果您认为有用，您可以自行处理。"①据此，《哲学的贫困》俄文第一版于1886年在日内瓦出版时，查苏里奇加入了恩格斯为德文第一版写的序言。除此之外，还在附录中刊载了马克思在科隆陪审法庭上的辩护词的片段及《政治经济学批判》的片段。

19世纪后半期的沙皇俄国属于高压统治，严格的书报检查制度禁止一切有关马克思主义的出版物在俄国社会中传播，劳动解放社许多的出版物都是用手抄本的形式流传。但是，在19世纪90年代后半期突然出现了一种"非常独特的现象"，"在一个完全没有出版自由的专制制度国家里，在凶恶的政治反动势力对于任何一点政治不满情绪和反抗表示都肆意摧残的时代，革命的马克思主义的理论忽然打开了一条出现于受检查的刊物上的道路，而用来说明这个理论的语言虽然是伊索寓言式的，但终究是一切'感觉兴趣的人'都可以理解的。政府只惯于把（革命的）民意主义的理论当作危险的理论，却照例没有发觉这一理论的内部演变过程，而欢迎一切对这个理论的批评。等到政府醒悟过来的时候，等到书报检察官和宪兵这支笨重的军队终于发觉了新的敌人而加以攻击的时候，已经过去了不少的（照我们俄国的尺度来计算）时间了。在这个时期，马克思主义的书籍一本又一本地出版了，马克思主义的杂志和报纸相继创办起来了，大家都纷纷变成了马克思主义者，人们都来奉承马克思主义者，向马克思主义者献殷勤，出版家因为马克思主义书籍的畅销而兴高采烈"②。正因为如此，1898年，俄国基辅的库什涅列夫协会印刷厂公开出版了《哲学的贫困》第一章的单行本。但为

① 《马克思恩格斯全集》第36卷，北京：人民出版社1975年版，第121—122页。
② 《列宁全集》第1卷，北京：人民出版社1972年版，第233页。

了迎合书报检察机关的意旨，书中没有指明作者是谁，并歪曲了马克思有关革命实质的主张。

1899 年 5 月 1 日，波波夫翻译的《哲学的贫困》被书报检察机关禁止，并且禁止劳动解放社的《哲学的贫困》在俄国的宣传。1901 年，贾布利茨基和皮亚京出版社公开出版了由皮亚京和别利亚夫斯基从法文版译过来的《哲学的贫困》完整译本。上面还带有恩格斯的序言，但很快被沙皇政府没收了。书报检察官认为，该书在其现在的形式中，包含了旨在摧毁现存经济制度、国家制度和社会制度的论断，以及对预言无产阶级革命的、社会主义和共产主义的有害学说的宣传。由于国内局势紧张，不断的工人罢工，农民运动和学生运动的加剧，沙皇政府加大了书报检查的力度，1900 年至 1905 年，马克思恩格斯著作不能在俄国公开出版，只能在国外发行，主要在日内瓦。

1905 年至 1907 年，随着国内政治格局的变动，沙皇政府放松了书报检查，允许马克思主义的传播。至此，马克思恩格斯著作大量出版发行，迎来了俄文版传播史上的一次高潮。1905 年“启蒙”书籍出版社出版了由乌尔里希翻译的《哲学的贫困》，该书包括恩格斯为德文第一版所作的序言和马克思的《论蒲鲁东》。孟什维克在《知识就是利益》这个期刊的 1908 年第 1、2 期上，刊登了《哲学的贫困》《格雷是蒲鲁东的先驱者》《关于自由贸易问题的演说》这几篇文章。1908 至 1917 年，由于 1905 年革命失败，马克思主义的著作被大量销毁。因此，《哲学的贫困》没有再版。

十月革命胜利以前，人民渴望阅读马克思的政治文献，但当时的条件在客观上制约了马克思恩格斯著作的出版，加上沙俄时期对马克思恩格斯文献的毁灭性的删减。在苏维埃政权建立之初，文献出版的条件极其艰苦，“印刷设备损坏、纸张和油墨缺乏、有经验的出版印刷干部奔赴前线和阵亡”。更为重要的是，此时苏维埃俄国还没有一个统一的马克思学研究和出版中心。马克思恩格斯的著作不仅在莫斯科和彼得格勒的中央出版社出版，而且也在阿尔汉格尔斯克、库尔斯克、基辅、哈尔科夫、雅罗斯拉夫尔、塔什干、伊尔库茨克、明斯克等许多城市出版。由于出版社分散且没有统一的监督，因此只能翻印革命前的马克思恩格斯著作的版本，但好多都是被沙皇政府的书报检察机关删改得不成样子的版本。在当时，《哲学的贫困》就有查苏里奇、皮亚京及别利亚夫斯基、阿列克谢耶夫和乌尔里希几个译本。

1918 年，《马克思恩格斯全集》俄文第一版第一次启动。在版本的编排计划中，曾打算第 2 卷收录《哲学的贫困》。但众所周知，从 1918 年到 1922 年的四年内，《马克思恩格斯全集》第一版的第一次启动仅出版了 4 卷：第 3、4、5、6 卷。第 3 卷收录了马克思恩格斯在 1848 至 1849 年革命和巴黎公社经验基础上所写的最重要的历史学著作；后 3 卷则是《资本论》的内容。

为了能集中出版事业，苏维埃人民委员会于 1919 年 5 月 19 日颁布了关于创立国家出版社的法令。沃洛夫斯基被任命为国家出版社的负责人。检查整个共和国范围内的出版活动就属于国家出版社的重要职责之一。为此，国家出版社下设了一个专门委员会，即马克思委员会，检查对马克思恩格斯著作翻译和再版，梁赞诺夫、斯克沃尔佐夫、斯捷潘诺夫、沃尔夫松、梅谢里亚科夫是委员会的成员。这时出版了一些按原文校订过的重要著作的译本，其中就包括《哲学的贫困》。

1920 年 12 月 8 日，俄共（布）中央全会作出决定，建立世界上第一个马克思主义博物馆；1921 年 1 月 11 日，根据梁赞诺夫的倡议，俄共（布）组织局决定，这个新的机构改组为马克思恩格斯研究院，使之成为收集、研究和科学发表马克思主义经典作家著作的科学中心。从 1923 年起，马克思恩格斯研究院展开了出版活动，他们不仅着手出版《马克思恩格斯全集》，还要重新刊印马克思恩格斯某些最重要的著作。1928 年，在马克思恩格斯研究院第一任院长梁赞诺夫的主持下，下设在研究院内的国家出版社出版了由维·查苏里奇翻译、普列汉诺夫校订的《哲学的贫困》单行本。梁赞诺夫亲自为其作序。在这个单行本中，不仅收入了恩格斯为德文版第一、二版作的序言，卡尔·马克思的《论蒲鲁东》，还将1846年12月28日马克思致帕·瓦·安年科夫的信作为附录收入。在单行本的末尾还附有详细的注释和人名索引。1929年，该单行本的正文被收入《马克思恩格斯全集》俄文第一版的第5卷中。梁赞诺夫在这卷的“编者序”中指出：“确实，这个译本不是从原文，而是从德文翻译过来的，但我们认真地核对了1847年法文版的原本。……恩格斯为德文版写的序言连同恩格斯在1883至1895年写的其他文章都将收录在第13卷中。”1930年，该单行本再版。

1938年11月14日，联共（布）中央委员会在《关于〈联共（布）党史简明教程〉出版后的宣传工作的决议》中揭露了马克思主义经典作家著作出版中的严重错误。中央委员会要求研究院的工作人员从根本上改革全部工作体系，并指出“清理意识形态部门的疏忽，特别要在马恩列研究院不合格的工作中寻找容许在马克思恩格斯全集翻译成俄语时歪曲和不准确的言辞出现的疏忽”的必要性。决议责成研究院在短期内修正被歪曲的内容，尽快重新出版《马克思恩格斯全集》。因此，从1939年起，开始了苏联出版和发表马克思恩格斯著作的新时期。1939至1940年，苏联马恩列研究院重新出版了一系列马克思恩格斯的著作，包括两卷本的马克思著作选集、《共产党宣言》《社会主义从空想到科学的发展》《雇佣劳动与资本》《工资、价格和利润》《德国农民战争》《法兰西阶级斗争》《费尔巴哈论》《路易·波拿巴的雾月十八日》和《关于共产主义者同盟的历史》等。1941年，新版《哲学的贫困》俄文单行本问世。

1955年，译自法文第一版，并参考了1885年与1892年德文版、1896年法文第二版所作修正的俄文版《哲学的贫困》被收入《马克思恩格斯全集》俄文第二版第4卷。恩格斯为德文第一、二版所作的序言分别被收入《马克思恩格斯全集》俄文第二版的第21、22卷。1956年，苏联国家政治书籍出版社根据《马克思恩格斯全集》俄文第二版的版本出版了《哲学的贫困》单行本，共184页。除正文之外，还包括马恩列研究院所作的说明，恩格斯为德文版第一、二版所作的序言及附录。附录包括1846年12月28日马克思致帕·瓦·安年科夫的信、《关于自由贸易问题的演说》《政治经济学批判》（摘录）以及《论蒲鲁东》四篇文章。从那时起到1973年，《哲学的贫困》单行本在苏联曾以14种语言出版了33次，总印数达到683000份。此后，苏联再没有出版过该书的新版本。

三 国内主要版本和传播情况

《哲学的贫困》是马克思主义在中国传播的重要著作之一，是中国人了解的第一批马克思的主要著作之一。《哲学的贫困》在中国的传播对于马克思主义哲学原理的系统化，对于马克思主义中国化的意义和作用是不容忽视的。

（一）新中国成立前的版本与传播

1903年2月25日，马君武在日本留学生主办的《译书汇编》杂志上发表了题为《社会主义与进化论比较》一文，在介绍西方的社会主义思想时，马君武提到了马克思，并且第一次用“唯物史观”和“阶级斗争”学说来概括马克思的理论。他虽然对马克思思想的实质还缺乏深邃的洞见，但是他已经充分意识到马克思思想的极端重要性以及对改造旧中国的巨大理论和实践意义。在这篇文章的最后，马君武特意列举了西方著名社会主义思想家的代表著作，在马克思的名下列有《英国工人阶级状况》《哲学的贫困》《共产党宣言》《政治经济学批判》和《资本论》，这也许是中国人第一次通过中文知道这部著作。

1903年3月，维新派开办的上海广智书局出版了赵必振翻译的《近世社会主义》一书，作者是日本人福井准造，这是近代中国较为系统地介绍社会主义学说的第一部译著。书中有“加陆马陆科斯（即卡尔·马克思）及其主义”一章，简要介绍了马克思的生平与活动，其中提到了《哲学的贫困》（当时译作《自哲理上所见之贫困》）的写作过程，而且，《哲学的贫困》中一些重要概念，如“生产力”“生产关系”“唯物史观”“剩余价值”“阶级斗争”“社会主义”等，已经由日语译为中文，开始形成最初的马克思主义理论的概念体系。

1918 年底，李大钊在北京大学组织了马克思主义研究团体，即“马尔克斯学说研究会”，到 1920 年，研究会已经初具规模并开展经常性的研究活动，特别值得一提的是，在李大钊的建议下，研究会建立了中国第一个马克思主义著作的图书室，命名为“亢慕义斋”，收藏有英文版的《哲学的贫困》，还有《共产党宣言》《雇佣劳动与资本》《路易·波拿巴的雾月十八日》《法兰西内战》等英译本。1919 年 5 月，李大钊在《新青年》“马克思号”专辑中发表了《我的马克思主义观（上）》这一长篇论文。李大钊在文中不仅第一次系统介绍了马克思的学说，而且还通过日本学者河上肇的译文，集中展现了马克思表述唯物史观的主要著作，并且直接引用了《哲学的贫困》中的论述，这是中国人第一次了解到该书的内容，这也是书中内容第一次被译为中文，尽管只有简短的一段话。

他写道：

> 他那历史观的纲要，稍见于一八四七年公刊的《哲学的贫困》，及一八四八年公布的《共产者宣言》。而以一定的公式表出他的历史观，还在那一八五九年他作的那《经济学批评》的序文中。现在把这样著作里包含他那历史观的主要部分，节译于下，以供研究的资料。
>
> （一）见于《哲学的贫困》中的：“经济学者蒲鲁东氏，把人类在一定的生产关系之下制造罗纱、麻布、绢布的事情，理解地极其明了。可是这一定的社会关系，也和罗纱、麻布等一样，是人类的生产物，他还没有理解。社会关系与生产力有密切的连络。人类随着获得新生产力，变化其生产方法；又随着变化生产方法，——随着变化他们的生活资料的方法——他们全变化他们的社会关系。

手白造出有封建诸侯的社会。蒸汽制粉机造出有产业的资本家的社会。而这样顺应他们的物质的生产方法，以建设其社会关系的人类，同时又顺应他们的社会关系，以作出其主义、思想、范畴”①。

另一位热情宣传马克思主义的先驱者陈独秀于1922年5月5日，即马克思诞辰104周年之际发表了题为《马克思的两大精神》的一篇短文，陈独秀在文章中谈道：“马克思的唯物史观虽然没有专书，但是他所著的《经济学批判》《共产党宣言》《哲学之贫困》三种书里都曾说明过这项道理。”②

李达也是中国共产党建党之前宣传马克思主义的理论家之一，更是堪称建党初期马克思主义出版事业的主要开创者与奠基人。在1921年党的一大上，李达被选为宣传部主任，主管党的宣传出版工作，他还担任中国共产党的第一个党刊，即《共产党》杂志的主编，并参加了《新青年》的编辑工作。1921年9月1日，李达在《新青年》第9卷第5号上登载了《人民出版社通告》，公布了该社当年的出版计划，准备出版“马克思全书”15种，包括《马克思传》《工钱劳动与资本》《价值价格与利润》《哥达纲领批评》《共产党宣言》《法兰西内战》《资本论入门》《剩余价值论》《经济学批评》《革命与反革命》《自由贸易论》《神圣家族》《犹太人问题》《历史法学派之哲学宣言》与《哲学之贫困》。从“马克思全书”的内容上看，涵盖了马克思主义哲学、政治经济学和科学社会主义三个组成部分。这一出版计划由于历史原因未能及时地落实。

1928年上海《思想》月刊第2、3期上发表了李铁声翻译的《〈哲学底贫困〉底拔萃》，这里节译的是该书的哲学内容的片断。译者是根据日本学者浅野晃编辑的《马克思主义的方法的形成——〈哲学的贫困〉中问题的提出与问题的解决》一书的顺序编辑的，该译本有选择

① 参见1919年5月、11月《新青年》第6卷第5、6号上的《我的马克思主义观》。
② 《陈独秀文章选编》，北京：生活·读书·新知三联书店1984年版，第193页。

地节译了《哲学的贫困》中的部分内容，并添加了标题，文前译者撰写了序言。以译者为第二章拟定的标题为例：

唯物史观底形成

唯物史观

(A) 社会底经济形态底发展过程。(近代有产者的生产方法底成立)

(B) 社会形态底内的连络底探究，—交互作用与决定要因。对立底均衡。

1. 一般的概括（下层建筑与上层建筑）

2. 经济构造。生产力与生产关系（阶级关系）

3. 物质生产底总过程（生产—交换—分配—消费）与社会的生活过程

4. 法制的，政治的生活过程

5. 意识过程

(C) 变革的实践。(人们只在能变革的时候才变革。然而，人们要变革。)

从译者为《哲学的贫困》第二章拟定的标题看，当时的人们已经初步理解并掌握唯物史观的主要观点，即生产力决定生产关系、经济基础决定上层建筑这两对社会基本矛盾的原理，并使之合逻辑地引申出阶级斗争和革命的观点。1929 年 10 月，上海水沫书店出版了杜竹君翻译的《哲学之贫困》，这是第一个中文全译本。书前附德文第一版的序言和德文第二版的按语，书后附录包括《论蒲鲁东》《政治经济学批判》第二章 B，即关于货币计量单位的学说，以及《关于自由贸易问题的演说》三篇文章。该版的译者附言写于 1929 年 6 月 15 日。1930 年 10 月，水沫书店再版该书，1946 年 5 月，该版又在作家书屋重印，1947 年 10 月和 1949 年 2 月，作家书屋又发行了第二版和第三版。从《政治经济学批判》和《共产党宣言》转向《哲学的贫困》，说明中国共产党对马克思唯物史观译介的视野拓展了。上海亚东图书馆于 1930 年 4 月出版了由程始仁编译的《辩证法经典》，该书摘译了八篇马克思和恩格斯关于唯物辩证法的论述，其中包括《哲学的贫困》第二章第一节和第五节的后半部分，篇名为“政治经济学的形而上学”。1930 年 8 月，上海山城书店出版了巴克编译的《社会主义底基础》一书，这是一本文摘性专题集，由《哲学的贫困》等 30 余篇著述节译组成。

1932 年 7 月，北平东亚书局出版了许德珩翻译的《哲学之贫乏》，该版根据 1922 年巴黎出版的法文本，同时参阅了 1920 年美国出版的英文本和日译本，因而是一个更为完善的译本。

许德珩在《我翻译〈哲学之贫乏〉的经过》一文中写道，“我之翻译马克思《哲学之贫乏》一书，是当时某些人宣传无政府主义言论的情况下，针对这股思潮而进行的”，“通过二八运动和争回里大的斗争，使我明确认识到：勤工俭学的理想在当时的社会里是很难实现的。无论是实行工读主义还是勤工俭学主义，都不能达到改造社会的目的，只有在马克思主义的指导下进行社会革命才是唯一的出路。从而增强了我攻读马克思主义经典著作的信心和决心，同时对于无政府主义的一套理论也更加不信任”①。1929 年秋，上海一家出版社诚邀许德珩翻译马克思的《哲学的贫困》，许德珩欣然接受，他说：“我想无政府主义思潮在国内甚是泛滥，马克思的这本书正是批判无政府主义的经典之作，译成中文，亟有必要，于是我就接受了。动手是在这年的十月初。可巧在我翻译了三分之一的时候，一天下午路过上海书店最多的四马路（今为福州路），忽然看见一家书店门口悬着大字广告牌，牌上写着‘《哲学之贫困》出版了’。我看了又是欢喜，又是懊悔。欢喜的是，这本书已经出版，令人高兴；懊悔的是我竟然白花费了那些功夫去翻译别人已经出版的书。于是打定主意，决定不再翻译它了。回家来就把这个已经译起

① 《马克思恩格斯著作在中国的传播》，北京：人民出版社 1983 年版，第 57、59 页。

四万多字的稿子捆束起来，置之高阁，一方面写信给这家书店老板，表示自己愿意放弃这种工作。这本书在当时就如此搁置下来。”① 后来，许德珩发现前译本存在许多问题，于是重下决心继续开始翻译工作。这一译本在马克思主义翻译和传播历史上具有一定意义，在此之后，怎样更准确、更全面、更深刻地把握马克思的唯物史观就成为中国人的一个重要课题。

1942年至1944年期间，何思敬在抗日战争的艰苦条件下，在延安中央党校完成了《哲学的贫困》一书的翻译工作，这一版的主要特点是参照了英文译本，并在译文中增加了“英文版注”。由于抗战后期与解放战争时期的流动性大，这一版直到1949年9月才由解放社出版，11月又在北京、大连、上海等地同时翻印。1950年12月，中国人民大学重印，书前译者注明“教学用书、非卖品”。1953年11月，第二版第3次印刷时改由人民出版社出版，至1972年7月为第二版第7次印刷。

（二）新中国成立后的版本与传播

新中国成立以后，中国共产党高度重视马克思主义经典著作的编译工作，并自1956年起，中央编译局开始陆续出版《马克思恩格斯全集》（中文第一版），并在第4卷中收录了《哲学的贫困》全文，该卷出版于1958年8月。这一版本针对的是普通工人群众，因此，对于一些基本的哲学术语，编译者都利用注释加以说明，如“形而上学”② 概念。

1961年11月，人民出版社发行了未署译者名的单行本，这一版的正文和注释均采用《马克思恩格斯全集》第4卷的译文，恩格斯写的两篇序言是由徐坚新译的，附录中的四篇译文分别采用已出版的马克思著作。1965年9月，该版进行了第11次印刷。另外，1964年10月，

① 《马克思恩格斯著作在中国的传播》，北京：人民出版社1983年版，第61页。
② 《马克思恩格斯全集》第4卷，北京：人民出版社1958年版，第138页。

该版还刊行了一种16开大字本，分三册平装。

自20世纪60年代起，中央编译局开始编选《马克思恩格斯选集》，这是中国读者盼望已久的一套书，但是，四卷本的《马克思恩格斯选集》刚刚印好就爆发了“文化大革命”，这些印好的著作只能被尘封在书库里长达6年之久。1971年，周恩来总理主持召开了全国出版工作座谈会，并明确指示要重新编辑出版四卷本《马克思恩格斯选集》。这套书于1972年5月出版，其中节选了《哲学的贫困》第二章中的部分内容。

这期间，依据中共中央编译局的译文，人民出版社还出版了几种《哲学的贫困》的单行本，如1978年版。北京外文出版社根据《马克思恩格斯全集》俄文第二版的文本出版了俄文版《哲学的贫困》单行本，系32开平装本。

改革开放以后，为了满足广大读者的需求，人民出版社于1995年6月出版发行了《马克思恩格斯选集》第二版，1997年5月第3次印刷，印数达到32000册；2004年5月第5次印刷，印数达42000册；2008年11月第7次印刷，印数已达52000册。2009年12月，人民出版社出版刊行了10卷本的《马克思恩格斯文集》，第一卷中节选了《哲学的贫困》第二章的部分内容。2012年出版的《马克思恩格斯选集》第三版中也节选了《哲学的贫困》第二章的部分内容。以上版本与1958年出版的《马克思恩格斯全集》相比，中央编译局在译文上做了较大修改，在注释方面也有较多的增补，而且为读者提供了更多的背景知识。同时，译文中还体现了恩格斯编辑1885年德文版时的修改情况，马克思在送给娜·吴亭娜那本书中所做的修改也体现在注释中。

总之，《哲学的贫困》在中国的传播与中国革命的历程紧密契合，它对于中国人接受马克思主义原理具有重要作用。

（本文来自2013年中央编译出版社出版的姜海波所著《马克思〈哲学的贫困〉研究读本》有关内容。）

馬克思著

哲學底貧困

解放社

何 思 敬 譯

目錄

序言

蒲魯東不幸在歐洲異常為人所誤會。在法國，他有權利做一個壞的經濟學家，因為人家把他當作一個好的德國哲學家；反之，在德國，他可以做一個壞的哲學家，因為人家把他當作一個最强的法國經濟學家。我們以德國人兼經濟學家這兩重資格，有責任來反對那兩重的錯誤。

讀者將會明白下述一事：在這個不感謝意的工作中不得不屢次把蒲魯東批判放到德國哲學批判背後去而且另外還供給一些關於政治經濟學一般的解釋。

卡爾·馬克思

布魯塞爾，一八四七年六月十五日

蒲魯東先生底這本著作並不簡單是一本政治經濟學的論著，一本平常的書；宅是一本聖經：『神秘』，『從上帝底胸懷裏來的秘密』，『啓示』等等應有盡有。然而，今天，預言家們要比俗界的著作家們更嚴肅地受到檢查，讀者必須早下決心和我們一起跋涉一番，經過『創世紀』底乾燥而陰暗的博學，然後和蒲魯東先生一起高升到『超社會主義』底空泛又蕪蔓的境地中去。

（參照蒲魯東著：『貧困之哲學』序詞，第三頁第二十行）

恩格斯序言

此書寫成在一八四六至四七年冬天，那時，馬克思已經親自弄清楚了他底新的歷史的和經濟的理解方法底諸基本特點。當時，蒲魯東底『貧困之哲學』恰好出版，就供給了一個機會給馬克思來展開上述諸基本特點去反對此人（蒲魯東）底諸觀點，他從那時以後，在當時活着的法國社會主義者們中間，佔重要的地位。自從他們兩人在巴黎往往接連經過幾個通宵爭論了經濟的諸問題以後，他們底道路就愈離愈遠了；蒲魯東底那本書證明現在已經在他們兩人之間有了一道不可踰越的深淵；當時實在沒有辦法緘默不言；因此馬克思就在他底這個答覆裏面公認了這個不可挽救的破裂。

關於蒲魯東，馬克思底總評價在本序底附錄㊀裏面可以看到，這篇文章曾在柏林『社會民主黨』報㊁一八六五年十六、十七、十八三期中發表過。馬克思在那個刊物上只寫過這一篇文章，後來不久石槐舟先生，想把這個刊物拉到封建的和政府底方面去，這個企圖暴露了，這就逼迫我們不得不在幾個星期之後就公開宣佈結束我們底合作。

此書恰好在目前對於德國有一個馬克思本人却一點也沒有預料到的意義。他怎麽能知道，因爲他打敗了蒲魯東而竟同時觸犯了今天那些獵取地位者們底偶像，羅倍兒都斯呢？當時馬克思連此人底名字都不知道。

㊀ 見附錄二『馬克思給石槐舟的信』。

㊁ 此乃拉薩爾在一八六三年創立的德國工人總聯合會底機關報，開始發行於一八六四年十二月，在柏林。主編人是霍甫史得登和石槐舟。馬克思和恩格斯被算在寄稿人之列。一八六五年蒲魯東死後，兩主編人要求馬克思寫篇文章論蒲魯東，這裏再把它印出來，不過後來馬恩二人拒絕了他們和這個報紙的關係，因石槐舟和俾斯麥及普魯士政府之間有密謀。

——英文版註

這裏不便細說馬克思與羅倍兒都斯底關係，以後大約有機會來談它。這裏只不過說到下述一事而已：當羅倍兒都斯控告馬克思，說馬克思『剽竊』了他，並且不提到他底名字而引用了他底著作『我們國家經濟狀況底認識論』這時候，他自己就犯了一次誣陷（罪），這種誣陷只有用一個自命天才底怨憤並用他底明顯的無知來才說明得了，他不知道普魯士以外發生着什麼事情，尤其不知道社會主義的和經濟學的文獻。馬克思從沒有看到上述控訴，也沒有看到上述羅倍兒都斯底著作；關於整個羅倍兒都斯，他只知道那三封『社會書信』，而且也決沒有在一八五八或五九年以前見過。

羅倍兒都斯用種種理由主張自己遠在蒲魯東以前就在這些『書信』中發見了『蒲魯東所構成的價值』；這時候他又自命不凡地自以為可以做第一個發見者。總之，在這本書裏面也被連同批評着，因此我不得不稍微細說他的那本『定基礎的』小冊子：『我們國家經濟狀況底認識論』（一八四二年出版），至少因為除了在那本書裏面（又無意識地）含有魏特靈式的共產主義之外還暴露着蒲魯東底萌

— 5 —

芽諸思想。

凡是近代社會主義，不問其傾向如何，只要宅從資産階級政治經濟學出發，差不多無例外地和李嘉圖底價值理論聯系着。李嘉圖在一八一七年就在他底政治經濟學原理底卷首中提出了兩個命題：一、每個商品底價值單只由其生產所需要的勞動底份量來決定，以及二、總的社會的勞動底生產物被分配在地主（地租），資本家（利潤）和工人（工錢）這三個階級中間，這兩個命題已經從一八二一年以來，在英國被利用成了社會主義的諸結論，尤其部分地帶着這樣的尖銳性和決定性，甚而這批現在差不多已經默默無聞而大部分爲馬克思重新發見的（社會主義的）文獻，一直到資本論出世之前，沒有任何東西能够超過宅。關於這個問題，另外再講。當羅倍兒都斯在一八四二年親自從上述諸命題中抽出社會主義的結論來時，這對當時一個德國人來說，確實是一個重要的進步，然而，這至多只對德國算得是一個新的發見。像這樣應用李嘉圖底學說，一點也沒有新奇，當馬克思批評蒲魯東時，這已被馬克思所證明，蒲魯東也同樣患着同一種空想。

『無論是誰，只要多少熟悉英國政治經濟學，就一定知道，差不多英國所有的社會主義者在各個不同的時期中都曾提議爲「平等」（即社會主義）而應用李嘉圖底學說。我們可以給蒲魯東舉出一八二二年霍傑士金底「政治經濟學」，一八二七年威廉湯姆生底「財富分配底最增進人類幸福的諸原理研究」，一八二八年愛特孟次底「實踐的道德的與政治的經濟學」等等，並且還可以舉出四頁之多這類書名來。現在只讓英國一個共產主義者勃雷先生來（在他底一本名著❶裏面）說就夠了。』只要從勃雷底著作中引證上述一些，就可以大部分取消羅倍兒都斯所要的優先權。

當時，馬克思還未到大英博物院底閱覽室裏去過。除了巴黎圖書館與布魯塞爾圖書館之外，除了我底書籍和札記之外，一八四五年夏天，我們曾一同到英國去旅行了六星期，在這個期間，他只通讀了在曼徹斯特能夠得到的一些書籍而

---

❶『勞動底諸弊害與勞動底救濟』（黎茲城一八三九年出版）。

已。因此，上面所說文獻在四十年代當時決不像今天這樣不能得到。當時情形既是這樣而羅倍兒都斯還不知道這種文獻，那只怪得羅倍兒都斯底普魯士人的狹隘性而已。他是特種普魯士社會主義底眞正的創始者，現在他畢竟被人認作此種人物。

然而就在他喜歡的普魯士裏面，羅倍兒都斯也不能一點都沒有麻煩。一八五九年馬克思底政治經濟學批判第一册已在柏林出版了。在這本書裏面提出了一個反駁，在經濟學者們向李嘉圖提出的許多反駁中間，作爲第二個反駁：『假若一個生產物底交換價值等於其中所含的勞動時間，那末，一個工作日底交換價值就等於一個工作日底生產物。換句話說，工錢應當和勞動底生產物相等。然而實際情形恰恰相反。』在這下面還有一個附註說：『這個從經濟學者方面向李嘉圖提出的反駁後來又給社會主義者所採用了。假設這個公式底理論的正確性被預先認定了，那末，實際就被咎責爲違反理論，而資產階級社會就被指責爲應當在實際上引出宅底理論的原則底意料的結論來。英國社會主義者們至少在這個方式上已經把李嘉圖底交換價值底公式掉轉去反對經濟學。』在這同一個附註中，還提到馬克思底『哲學底貧困』，此書當時還到處在書店裏有得賣。

這樣看來，羅倍兒都斯應該有充分的機會來親自確定一八四二年當時他底許多發見究竟是不是眞正新的發見。然而他却不這樣做。他還不斷宣揚他底新發見，並且以爲他底新發見非常了不起，甚而使他一次也不能想到馬克思也可以同他羅倍兒都斯一樣從李嘉圖底學說中恰好同樣獨立地得出他自己底結論來。他以爲這是絕對不可能的事體。馬克思一定『剽竊了』他。然而，就是這位馬克思都供給了每一個機會，使羅倍兒都斯相信這些結論在他們二人以前很久，至少在羅倍兒都斯本身還保存的那種粗陋的形式裏面，早就在英國已經被人說過。

李嘉圖學說底最簡單的社會主義的應用就像上面所說那樣。此種應用有好些時會曾引導人家屢次洞察到剩餘價值底起源和性質，這些洞察超過李嘉圖底觀察遠甚。羅倍兒都斯底情形也和上述情形不差。除了他在這方面從沒有提出過前人未曾講過的任何東西之外，他底叙述像他以前的人們一樣還有缺點：他毫不留意地就憑那種生硬的、只看現象的方式（經濟學者們用這方式來傳授經濟諸範疇給他）來接受勞動價値、資本等等經濟諸範疇，並沒有研究這些範疇底實質。這樣子，他不僅自己離開了更加發展底每一條道路——這就和馬克思相反，馬克思是第一個，從這六十四年來常常被人提起的兩個命題中眞正得到了一些東西——而且他羅倍兒都斯還替自己開闢了一條路一直走向烏托邦空想，如同以後將被指出那樣。

李嘉圖學說底上述應用，使勞動者明白：總的社會的生產物即他們底生產物應歸勞動者們作爲惟一的眞正的生產者們所有，這種應用就直接引導到共產主義。然而這種應用，如馬克思在上文中所指，在經濟學底形式上是錯誤的，因爲這種應用就是單單把道德應用到經濟學中去而已。依照資產階級經濟學底規律，生產物底最大部分並不歸製造生產物的勞動者們所有。既然如此，如果我們說：這不對，它不應該這樣，但這完全和經濟學沒有關係。我們只不過說：這種經濟的事實違反着我們底道德的感情而已。所以馬克思決不把他底共產主義的諸要求建築在道德的感情上面，而建築在資本主義的生產方式之必然的崩潰上面，這個崩潰已在我們眼前一天一天地完成着。

他只不過說：剩餘價值成立在無報償的勞動裏面，這是一個簡單明瞭的事實。但是雖在經濟學底形式上是錯誤的事體，反而因此在世界史上可以是正確的。若果羣衆底道德的意識宣佈一個經濟的事實，例如當時那種奴隸制度或農奴制度是不正當的，這就證明此種事實本身已經活過頭了，另外一些經濟事實出現了，因這些新事實而那舊事實就被認爲忍受不住支持不了的東西了。因此，在經濟學的形式的不正當性底背後還可以隱藏着一個很眞實的內容。不過這裏不是詳細研究剩餘價值學說底歷史及其意義的地方。

從李嘉圖底價值學說中還可以而且已經引出了其他諸結論。諸商品底價值乃由諸商品底生產所必需的勞動來決定。但是在這個可惡的世界中諸商品時而在價值以下，時而在價值以上被販賣着，而且不單單因爲競爭底變動。商品底價格有下述傾向即經過需要與供給而還原到勞動價值上去，同樣，利潤率也有同樣傾向即在同一水準上自己平均分配給一切資本家們。但是，利潤率却根據一種產業經營所使用的全部資本來計算。現在因爲在兩個不同的經營部門中可以體現出相等的勞動是即表明相等的價值，而且在這兩個不同的經營部門中，工錢也一樣高，不過在一個部門中先投下的資本可能是，而且往往實際是兩倍或三倍大於其他部門，那末，李嘉圖底價值規律也像他自己已經發見了那樣，就和平均利潤率底規律相抵觸了。若果兩個經營部門底諸生產物照價值賣掉，那末，利潤率就可能不相等，若果利潤率相等，那末，兩個部門底諸生產物就不一定照價值賣掉。於是我們就有了一個矛盾，兩個經濟規律底背反，而實際的解決，照李嘉圖底意思（第一章第四至第五節）是照例利潤率佔便宜而價值吃虧。

李嘉圖式的價值規定，雖然帶有不祥的性質，但另外一方面却被那勇敢的資產者所愛好與寶貴。這另一方面，以不可抗拒的力量來喚起資產者底正義感。平權與正義是兩個基柱，在這上面，十八和十九世紀底資產者曾想建設自己的社會建築在封建的特權、不平等、不正義底斷垣殘壁之上，而且，由勞動來規定諸商品底價值並依照這種價值底尺度來在平權的商品佔有者之間自己完成自由的交易，照馬克思所說，是實在的基礎，近代資產階級底一切政治的、法權的、哲學的意識形態就建立在這上面。一旦大家知道了，勞動是商品價值底尺度以後，勇敢的資產者底善良的感情就深深地感覺到被一個世界底不良所損害，這個世界在名義上承認正義底原則，但在事實上却暴露出時常毫無顧忌地排斥這個原則。尤其小資產階級，他底誠實的勞動——就算只是他底夥計或徒弟底勞動也好——都受到機器和大生產底競爭，一天又一天地越加損失其價值；因此小生產者一定熱烈地希望一個社會，在其中終有一次，生產物依照其勞動價值來交換，會成爲一個完全的無例外的眞理，換句話說，小生產者一定希望一個社會，在其中無例外地不折不扣地通行着商品生產底一個單獨的規律，而不保存商品生產以及資本主義的生產底另外一些規律，無論如何得以通行的諸條件。

此種空想，在近代實際的或想像的小資產階級底思想方法裏面，種下了何等深刻的根，可由下述事實來證明，就是：這種空想已於一八三一年爲約翰格雷所系統地發展過，並且三十年代當時曾在英國實際地被試驗過又在理論上流傳過；在德國於一八四二年爲羅倍兒都斯所宣佈，在法國於一八四六年爲蒲魯東所宣佈，作爲最新的眞理；一八七一年又爲羅倍兒都斯所宣佈，作爲社會問題底解決法，甚而作爲他底社會的聖經，以及一八八四年，此種空想又在一羣爭逐地位者們裏面得到了一個附和，他們在羅倍兒都斯底名義下面努力開拓普魯士的國家社會主義。

對於此種空想，馬克思已經批評得很詳盡，無論對蒲魯東也好，對約翰格雷（見本書附錄二）也好，都一樣，因此，我在這裏，只要講到幾點關於羅倍兒都斯怎樣用特種形式來展開並描畫出此種空想而已。

前面已經講過，羅倍兒都斯原原本本照經濟學者們把傳統的經濟的諸概念想定傳授給他的那個形式來接受那些概念規定。他一點也不想審查這些概念。他以爲價值就是：『一件物品和其他諸物品按份量來較量而這一較量被採用爲尺度。』客氣一點說，這個太不嚴正的定義至多也只給我們一個表象，說出價值大

— 14 —

約像什麽樣子，但絕對不能夠說出價值究竟是個什麽東西來。羅倍兒都斯關於價值所能說的一切既然就是這一點，那就很明白爲什麽他要去找價值以外的價值尺度。他用了抽象的思惟的力量（這曾使伐格納那樣無限地讚仰）寫了三十頁，把使用價值與交換價值弄得一場糊塗之後，就達到了一個結論，說（世界上）沒有眞正的價值尺度，所以只好用一個代用尺度來滿足自己。勞動也可以成爲此種尺度不過只在勞動量相等的生產物經常和勞動量相等的諸生產物互相交換的情況之下，不問這尺度本來就是這樣，或者預先設法保證了這個尺度。既然這樣，那末，價值與勞動就變成沒有任何實際的聯系了，但他居然在第一章全章裏面專門向我們說明諸商品怎麽樣並且爲什麽化費着勞動而且只有勞動被化費着。

並且他不加思索地採用着勞動，像宅在經濟學者們中間所遇見的那樣，而且還不止這樣。他雖然關於勞動强度說了幾句話，但勞動却仍然完全一般地被說明成『有價的』（『費錢的』），因之計較價值的一件東西、不問勞動是否在正常的社會的平均條件下面被使用，不問生產者們化了十天功夫或僅僅化了一天功夫來製造一天可能製造得成的生產物，不問他們是否使用好的或壞的工具，不問他們是否使用他們底勞動時間到社會所需要的物品底製造上去並在社會所需要的數量範圍裏面，也不問他們是否製造了絕不需要的物品，或者製造了需要的物品在市場底需要以上或以下——這一切一切都算不了什麽：勞動總是勞動，一個同等的勞動底生產物必須與同等的勞動底其他諸生產物相交換。羅倍兒都斯平常總隨時，不問合宜與否，準備把他自己放在民族的立場上，並且從一般的社會的望樓底高處來考察單獨的生產者們底諸關係，然而，這裏他偏偏很小心地迴避了這個慣常。其實，只因爲他，從他那本書底第一行起，就一直走向勞動貨幣底空想而且勞動底任何一個研究，一到宅（勞動）創造價值的特性就必然使他在途中遇到不可踰越的礁石。這裏他底本能就比他底抽象的思惟底力量要强得多了，這個抽象的思惟在羅倍兒都斯那裏只有靠具體的思想喪失來才會隨便發見得到。

走到空想中去，這個轉變既然一反掌就做成了，那末預先想出許多辦法來保證商品依照勞動價值來交換作爲無例外的規則也不是難事。這方面底其他一切空想我們從格雷到蒲魯東，都絞盡腦汁想發明一些社會的設施來實現這個目的。他們至少企圖用經濟的方法卽通過互相交換着的商品所有者們底行爲來解决經濟的問題。羅倍兒都斯很輕易地做了。作爲一個善良的普魯士人，他訴願於國家，用國家權力底一道法令來施行這個改革。

就算這樣一來這價值萬幸『被構成了』，但也構成不了羅倍兒都斯所主張的這個構成底優先權。相反，格雷和勃雷——還有其他許多人——都在羅倍兒都斯以前很久，已經常常反覆了同一個思想，一個愚誠的願望，期望着種種預先設法使諸生產物在一切情況下面經常並且唯獨按照勞動價值來互相交換。

自從國家照這樣構成了價值——至少構成了生產物底一部分價值，因爲羅倍兒都斯還算客氣——以後，就發行勞動貨幣，預先供給工業資本家們一筆款子，讓他們用這筆款子來付給工人，工人就拿他們收到的勞動紙幣去買生產物，於是，紙幣就回流到宅原來的出發點上去。這件事體究竟怎樣美妙地自動展開呢？

這就要聽羅倍兒都斯本人怎樣講。

『講到第二個條件必要的預先設法就是：使那在紙片上標明的價值眞正在流通中存在着，並且只在下述情況中實現，就是說：誰眞正交出一個生產物來，他就得到一張證劵，在這上面確切地註明該生產物所必需的勞動量。誰交出兩天勞動底一個生產物，他就得到一張證劵，上面註明「兩天勞動」。倘在發行證劵時嚴格遵守這條規則，那末，這第二個條件就一定得到滿足。因爲依照我們底假定，物品底現實的價值經常與製造此物品時所費去的勞動量相符合，而此種勞動量乃由時間底普通的劃分來測定，因此，無論誰交出了一個曾經化費過兩天勞動的生產物而得到兩天底證明，那末，他也就得到了不多也不少於他在實際上交出的價值底證明與指示，而且，因爲只有眞正在交易中交出一個生產物的這個人得到了一個這樣的證明，所以，寫在證劵上的價值之能够滿足社會，當然也是同樣確實的了。如果我們把分工底範圍想像得更寬廣一點，又若果嚴格遵守上述規則，那末，現存的價值之總和就恰正與被證明的價值之總和相等。因爲被證明的價值之總和恰正就是被指示的價值之總和，而此種被指示的價值之總和必定符合於現存的價值，因而一切要求都可以得到滿足，結算也可以正確地辦到。』（一六六與一六七頁）

若果至今羅倍兒都斯不幸把他底諸發見拿出得太晚了，那末至少這一次他總該有一個獨創底功績：在他底競爭者們中間，沒有一個敢於在這樣幼稚拙劣的形式裏面說出勞動貨幣底這種狂妄來。因爲對於每一張證券都要交出一個相等的價值對象物，而任何價值對象物都被交出來換一張相等的證券，那末，證券底總和經常會由價值對象物底總和來符合。這個打算眞正一點也沒有遺漏，連勞動底一秒鐘都能規定下來而且沒有一個政府收入底老會計員能够指出一點毛病來。這還能更多地要求嗎？

在今天的資本主義社會中，每個工業資本家，都憑自己底拳頭和打算來生產什麼，怎樣生產並生產多少。但社會的需要對他是一個未知數，無論在質的方面卽所需要的物品底種類方面或在量的方面都一樣。今天不能够很快地充分地供給，也許明天就供給到遠超過需要以上。無論如何，這個需要，結局總會勉勉强强得到滿足，並且生產大致會向着需要的物品走。但究竟怎樣消除上述那種矛盾呢？靠競爭。但競爭又怎樣完成這個解决呢？簡單地使那些在種類或數量上對目前社會的需要不中用的諸商品折價，减低到勞動價值以下去，並且轉這樣一個彎，間接地，使生產者們感覺到或者他們已經製造了根本不中用的物品，或者他們製造了本來中用的物品，但已經到了不中用的過多的數量。從這裏就發生兩件事體出來：

第一，諸商品價格底不斷的離開諸商品價值是必要的條件，只有在這個條件下面，並且只有通過這個條件諸商品價值才可以出現；只有通過競爭和商品價格底變動，商品生產底價值規律才貫澈自己，而由社會必要勞動時間來决定商品價值，才變成一個現實。這時會價值底現象形態即價格照例在表相上有點不像價值（價格把價值弄成現象）。這個價值也和大部分社會諸關係一起分担着這個命運。國王也常常和他所代表的一個王國不相似。想在互相交換着的商品生產者們底社會中恢復用勞動時間來規定價值而禁止競爭用壓力到價格上去使價格走上唯一可以恢復的道路，這種想法不過證明他至少在這個領域中慣於糊里糊塗地誤會經濟諸規律而已。

第二，在互相交換着的生產者們底社會裏面，因競爭實現着諸商品生產底價值規律，恰正由於這個關係，它實現着社會生產在許多方面唯一可能的組織與秩序。全靠生產物底跌價或漲價，才使個別的生產者們底鼻子碰到需要或不需要那些生產物以及需要多少。

然而羅倍兒都斯也參加一份的這個空想恰恰就想要消滅這唯一的調整者。如果我們問：我們有什麼保證使人生產出而且只生產出每種生產物底必要的份量呢？使甜菜糖很多，洋芋酒也很多而小麥、肉類也不缺少呢？使袴子底紐扣無千萬數地增加而袴子也不缺乏呢？這樣一問，來得正好，羅倍兒都斯就得意洋洋地拿出他那個有名的計算來給我們看，按照這個計算，那末，對每磅多餘的糖、對每桶賣不出去的酒、對每顆無用的鈕扣，都準備了一紙正確的證券，這個計算，

『搞得』頗爲恰當，照這個計算做去，『一切要求可以滿足，而結算也可以搞得正確』。並且，誰要不相信這點，就可以向他（故鄉）坡每蘭底政府收入底會計員某先生交涉，他審查過這個計算，而且知道這個計算底正確，而且這位先生好像在他底現金計算中從來沒有被人查出一個虧空來的人一樣頗爲可靠。

現在再來看看羅倍兒都斯想用他底空想來消滅工商業危機的那種幼稚吧。自從商品生產達到了世界市場底規模以後，就在爲私人打算而生產的個別生產者們和他們在需要底質和量上或多或少並不知道的市場之間有了矛盾，這個矛盾全靠世界市場底暴風卽商業危機㊀來抵消。若果禁止了競爭經過價格底高低來使孤立的生產者們認識市場底狀況，那就弄瞎了他們底眼睛。若果生產者們替市場生產

㊀至少直到最近爲止情形是這個樣子。自從英國底世界市場底獨佔一步又一步被法國、德國、尤其美國底加入世界貿易所打破以來，好像有一個新的抵消底形態發生着效力。走在危機前面的一般的繁榮現在還老不來。假如完全去掉了繁榮，那末，也許慢性的停頓會變成現代工業底常態，只略微有些變動而已。

——恩格斯註

而一點也不知道市場底情況，若果想這樣來制定商品生產，這倒是一個救商業危機的藥方，這個藥方只有愛仁巴醫生也許會羡慕而已。

現在我們懂得了羅倍兒都斯爲什麼要簡單地用勞動來決定商品底價值，並且至多只承認勞動强度之各種不同的程度。若果他自己曾經研究過，勞動究竟經過什麼並且怎樣創造價值，因而決定價值以及測量價值，那末，他也許會達到社會必要的勞動，這是這一個別的生產物所必要，即無論對於同種類底其他諸生產物也好，或對於社會的總需要也好，這一個別的生產物必需這社會必要的勞動。

現在我們終於走到羅倍兒都斯給我們某種新事物的一點上來了，這新事物和那些勞動貨幣交換經濟底所有他底多數同志不同。他們都希望這種交換底制度達到下述目的，即消滅用資本來剝削工錢勞動。每個生產者都應當得到他底生產物底全部勞動價值。在這一點上他們都同聲一致，從格雷到蒲魯東都一樣。

然而，羅倍兒都斯却說不對，工錢勞動與工錢勞動底剝削應繼續存在。

第一，沒有一個想像得到的社會狀態，其中勞動者可以得到他底生產物底全部價値來消費。必須經常從那被生產出來的貯蓄中拿出一點來一同應付不生產的但必要的活動，因此，也就應當一同維持有關係的人們。只要今天的分工有作用，那末，上述事實就一定正確。但在一個普遍的生產勞動成爲義務的社會——這樣的社會雖也可以『想像得到』——裏面，上述事實就會消滅。然而一個社會的預備與積蓄之必要仍然存在，因之，就在那種情形中，勞動者們，換言之，一切工人們都始終佔有並享受他們底總生產物，但並非每個單獨的勞動者享受其全部勞動底收獲。用勞動生產物來維持在經濟上不生產的活動，未曾爲其他勞動貨幣空想家們所忽略過。不過，他們讓工人們自己經過習慣的民主的道路爲這個目的來自己抽稅。至於羅倍兒都斯底整個社會改良方案（一八四二年）却迎合着當時普魯士國家，使整個問題由官僚制度來決定，宅由上而下地規定工人取得自己底生產物當作仁慈的恩惠和賞賜給工人。

其次，地租與利潤也應當繼續存在，因爲地主與工業資本家們也進行着某些對社會有益的，甚而社會必要的，雖在經濟上不生產的活動，因之，他們應當在地租與利潤底形態中得到一定的報酬——這種思想就在一八四二年也算不得是新的。本來地主與工業資本家現在已經供獻得很少而且很壞，但收入卻太多了。然而羅倍兒都斯現在還以爲至少往後五百年還需要有一個特權階級底存在，因此，現在的剩餘價值率也要（說得正確些[三]）繼續存在，不過不得增加罷了。羅倍兒都斯認定現存的剩餘價值率爲百分之二百，換言之，對於一天十二小時的勞動，工人應得到登記證明的，不是十二小時而僅是四小時，其餘八小時所生產的價值應當給地主與資本家去分配。這樣，羅倍兒都斯底勞動證券完全就是撒謊了。倘若以爲一個工人階級爲了得到四小時勞動底一張證明而樂意做十二小時工作，那除非再來一個坡每蘭的封建地主。倘若把資本主義的生產底欺詐翻譯成老實話，表明資本主義的生產爲赤裸裸的盜竊，那末資本主義的生產就會成爲不可能，而發給勞動者的每張證券也許會成爲造反底一個直接的煽動，這就犯了德意志帝國刑法第一百十條。爲了能够想像一個人竟會這樣侮辱工人，就只好想像下面這個人，他除了坡每蘭底一個貴族領地底短工（零碎雇工）之外，沒有見過無產階級，但在那種領地上只有鞭子和棍棒統治着，那些短工實在還被束縛在半農奴制裏面，而且村中一切美麗少女們都屬於仁慈的封建領主底後宮。但是，我們底保守主義者們來得正好可算是我們底最大的革命者。

但是，若果工人們十分溫順，甘心受縛，辛辛苦苦足足做了十二小時工而在實際上只算做了四小時，那末，他們將在工錢上得到下述保證即他們對於自己底勞動生產物應當獲得的部分將永遠不降低到三分之一以下。這才是拿小孩子底喇叭來吹未來底音樂，不值得多談了。總之，凡羅倍兒都斯在勞動貨幣底交換空想中所提某種新事物只是幼稚氣，並且比他以前和以後的多數同志底成就還要低劣。

當羅倍兒都斯底『認識論』剛出版那時，這確是一本重要的書。他在這一方向中展開李嘉圖底價値學說，確是一個很能自誇的開始，儘管他底展開只對他自己並只對德國，是一件新事體，但在大體上還和他底更好的英國先驅者們底成就在同等程度上。然而這恰恰只是一個開始，只有經過根本的批判的更進一步的工作才能在理論上希望得到一個眞實的收獲。然而他自己切斷了這種展開，因爲他一開始就把李嘉圖底展開引導到另一個方向，卽空想底方向上去了。因他失掉了一切批判底第一個條件——卽不受束縛——而直向着一個預定的目標去工作，這樣，也就成了一個偏向經濟學者。一旦爲他底空想所糾纏，他就失去了在科學中進步底一切可能性。從一八四二年起一直到他死，他始終旋轉在一個圈子裏面，翻來覆去就不過在他第一個著作中已經講過或指出了的那個思想，還覺得自己未被認識，其實沒有什麼可以剽竊，還以爲自己被人剽竊了，最後，還故意不肯承認：他不過結局重複發見了早已被人發見了的東西而已。

這個翻譯有幾處和旣刊法文原本不同，宅根據馬克思親筆的修改，這些修改也在那準備再版的法文本中可以看到。

在這本書裏面所用的表達方法並不完全與資本論底表達方法相同，這大約不必特別提醒了。在這本書裏面，所謂勞動作爲商品，勞動底買賣乃指勞動力。

在這一版本中還加上了下面幾篇文字：一、馬克思著『政治經濟學批判』（一八五九年柏林出版）關於約翰格雷底最初的勞動貨幣交易空想那一段；二、一八四八年馬克思在布魯塞爾關於自由貿易問題的一個演說，這個演說和『哲學之貧困』一樣屬於著者底同一個發展時期。

F·恩格斯

一八八四年十月二十五日，倫敦

— 28 —

德文譯本第二版恩格斯序

對這第二版，我只添加幾句話：寫錯了的霍卜金士這個名字應改作霍傑士金，又威廉湯姆生底一本書底年代改作一八二四年，並不是一八二七年。希望藉此得以安慰安東孟格爾教授先生底書目學的良心。

F·恩格斯

一八九二年三月二十九日，倫敦

第一章　一個科學的發見

第一節　使用價值與交換價值底對立

『一切生產物，不論自然的或工業的生產物底本性，可供人類維持生活之用者，就特別稱之爲**使用價值**，若其本性爲互相交換則爲**交換價值**。使用價值怎麼會變成交換價值呢？（交換）價值觀念底創生未曾被經濟學家們以充分的審愼來標明過，所以我們要在這裏花費一點時間。因爲我所需要的東西大部分在自然界裏面很少有、或者簡直沒有，因此，我不得不借助於生產來得到我所需要的東西，並且又因我不能一一親手製造那麼許多東西，所以我就要向別人，向我底那

些在不同的職業部門中共同勞動者們提議，把他們底生產物底一部分拿來和我底生產物進行交換。』（蒲魯東，第一卷，第二章）

蒲魯東先生企圖首先給我們解釋價值底二重性，價值在自己內部的區別，交換價值之從使用價值中出現。遇到這個變質行爲，我們也不得不和蒲魯東先生一起花費一點時間。且看這個變質行爲怎樣依照這位作者來完成自己。

極大多數的生產物在自然界中找不出來，只有靠工業來製造，一旦各種需要超出了自然界底自發的生產以後，人類就不得不借助於工業的生產。那末，這個工業在蒲魯東先生底想像中是什麼？它底起源怎樣？單獨一個人感覺到需要一大批東西，又『不能一一親手製造那麼許多東西』。那麼許多要滿足的需要就預先設定着那麼許多要生產的東西。沒有生產就沒有生產物，那麼許多要生產的東西就已經預先設定不止單獨一個人底幫手。既然預先設定不止單獨一個人底幫手來進行生產，那就已經預先設定了一個全部的、建築在分工上面的生產。那末，像蒲魯東先生所預想的這個需要就預先設定全部分工。既預先設定了分工，我們就有了交換，並且跟着也有了交換價値。這就等於早就預先設定交換價値爲現成的。

然而蒲魯東先生却歡喜繞圈子。我們也跟着他繞他底許多圈子，這些圈子每次都把他帶回到他底出發點上去。

要脫離那每人都像孤獨者一樣替自己生產的狀態並達到交換，『我就——蒲魯東先生說——轉身向我底那些在不同的職業部門中共同勞動者們』。於是我自己就有了許多共同勞動者們，都帶着不同的職業，用不着我和其他一切人們——始終照蒲魯東先生底預先設定——從魯濱孫底孤立的少有社會結合的地位中走出來。共同勞動者們，各種不同的職業、分工、以及分工內部已經包含的交換等等都有了，從天上掉下來了。

總括起來就是：我有許多需要，它們被建築在分工和交換上面，正在蒲魯東先生預先設定這些需要的時候，他也就已經預先設定了交換和交換價値；他恰正企圖『用那比其他經濟學家更大的審愼來標明交換價値底發生』。

蒲魯東先生大可以把這個進程底順序倒轉來也不會損害他底結論。要說明交換價值就需要交換。要說明交換，就需要分工。要說明分工就必須種種需要，它們才使分工成爲必要。要說明這種種需要，就不得不簡單地『預先設定』即決不否定這種種需要，這就恰恰違反了蒲魯東先生在序詞中標榜的第一個公理：『預先設定上帝就是否定上帝』。（序詞，第一頁）

現在再看蒲魯東先生怎樣拿他預先設定爲已經知道的分工來說明那對他始終是個未知者卽交換價值呢？『一個人』決心『向別人，向他底那些在不同的職業部門中共同勞動者們提議』建立交換，並在使用價値和交換價値之間設定一個區別。一旦採納了這個被提議的區別之後，那共同勞動者們就沒有更多的『審愼』留給蒲魯東先生了，只須逐條記錄這個事實，只須在他底政治經濟學的著作中誌明『價值觀念底創生』，把它『標明』而已。不過，他總還應當把這個提議底『創生』說明給我們聽，總應該告訴我們一個究竟，怎麼樣這位單獨一個人，這位魯濱孫忽然會異想天開想到向共同勞動者們提出一個人家已經懂得的建議，並且怎麼樣這些共同勞動者們毫無疑難地就採納了這個建議呢？

蒲魯東先生沒有走到這個創世記的細目裏去。他簡單地在交換底事實上蓋了一個歷史的印章，因爲他用第三者所提的一個動議——說是要採用交換——底形式來叙明這個事實而已。

這裏我們有了一個小小的樣本關於蒲魯東先生底『歷史的叙述的方法』，他對亞當斯密和李嘉圖底『歷史的叙述的方法』曾表示過那樣傲慢的侮蔑。

交換有它自己的歷史。它通過了各種不同的階段。

曾有一個時期如中世紀，人家只交換了盈餘，超過消費的生產底超過額而已。還曾有一個時期，不僅盈餘，甚而一切生產物，整個工業的存在都轉向商業，整個生產依靠交換。這交換底第二個階段，這交換價值在更高一層的作用程度上該怎樣說明呢？

蒲魯東先生底回答來得很現成，就是承認下面這回事卽一個人『向別人，向他底那些在不同的職業部門中共同勞動者們提議』把交換價值提高到它底更高一層的作用程度上去。

最後來了一個時期，凡至今被認爲不可出讓的東西，成了交換買賣底對象，出讓起來了。

就是這個時期，甚而德性、愛情、確信、知識、良心等等一句話一切都變成了買賣底對象，以前這些東西只不過互相交通過，但決沒有交換過，贈送過，但決沒有出賣過，取得過，但決沒有收買過，這是普遍腐化底時期，舉世出賣和收買底時期，或者用經濟學的表達法來講，這個時期一切東西，不論物質的或精神的，都當作買賣底價值搬到市場上去品評其最恰當的價值了。

那末，交換底這一新的和最近的階段——交換價值在宅底第三級作用程度上——該怎樣說明呢？

蒲魯東先生底回答應該來得很現成，就是承認一個角色，『向別人，向他底那些在不同的職業部門中共同勞動者們提議』把德性、愛情等等弄成買賣底價值，提高交換價值到宅底第三級卽最後的作用程度上去。

看吧，蒲魯東先生底『歷史的和叙述的方法』能迎合一切，答覆一切，說明一切。如果，問題在於歷史地說明『一個經濟的觀念底創生』，他就預先設定一個人『向別人，向他底那些在不同的職業部門中共同勞動者們』提議來完成這個創生底行爲，這樣就萬事大吉。

從此以後，我們只好接受這個交換價值底『創生』當作一個已經完成的行爲；現在只剩下一件事體，就是要解明交換價值和使用價值底關係而已。我們且聽蒲魯東先生說：

『經濟學家們把價值底二重性提了出來，很好。但什麽東西他們沒有用同樣的明確性來表達出來呢？就是價值底自相矛盾的本性——所以，從這裏開始我們底批判。……指明在使用價值和交換價值中間有驚人的對照，這個指明算不得什麽，經濟學家們碰到這個對照已經慣於單單把某個東西看得很簡單；下面一件事體倒值得指出，就是那所謂簡單性却隱藏着一個深刻的神秘，而貫通這個神秘是我們底義務，……用術語來說：使用價值和交換價值都站在相反的關係裏面。』

倘把蒲魯東先生底思想周密研究一番，就知道他想確立下述四點：

一、使用價值和交換價值形成了『一個驚人的對照』，站在互相對立裏面。

二、使用價值和交換價值站在相反的關係裏面，自相矛盾着。

三，經濟學家們既不看見或認識對立，又不看見或認識矛盾。

四，蒲魯東先生底批判都從終點開始着。

我們也從終點開始，並且願意讓兩個相當重要的經濟學家們講話，以便把這些經濟學家們從蒲魯東先生底控告中釋放出來。

西士蒙地：『買賣把一切東西引回到使用價值和交換價值底對立上去。』（『經濟學研究』第二卷，第一六二頁，布魯塞爾版）

勞鐙待爾：『一般地，如個人財產因交換價值之上昇而增加起來則國民財富（使用價值）就會相對地照樣減少下去，如個人財產因交換價值之下降而減少下去，則國民財富就會相對地照例上昇起來。』（『公共財富底性質和起原之研究』）

西士蒙地建立了自己底基本理論在使用價值和交換價值底對立上，依照這個理論，倘生產增加起來，收入便相對地減少下去。

勞賓待爾建立了自己底體系在這兩個價值種類底顚倒的關係上，並且他底理論在李嘉圖時代非常普及，甚至連李嘉圖都要講起它，像談到一件大家都知道的事體一樣。『交換價值和財富（使用價值）之混同才使人家起來主張說：減少那些對生活必需的有用的或方便的東西就可以增加財富。』（李嘉圖：『政治經濟學原理』，第二卷，論財富與價值）

看吧，在蒲魯東先生以前那些經濟學家們已經『指明過』對立和矛盾底這個深刻的神秘。

現在且看蒲魯東先生在這些經濟學家們以後，在他那方面，怎樣說明這個神秘。

倘供給增加而需求不變，則一種生產物底交換價值就會低落，換句話說，倘和·需·求·比·較·起·來一種生產物越豐富則它底交換價値或價格越低。倒·轉·來·倘和需求比較起來，供給越不够，則一種生產物底交換價値或價格越上漲；換句話說：倘和需求比較起來，這被供給的生產物底稀有性越大，則價格底高漲越大。一種生產物底交換價値依靠着它底豐裕性或它底稀有性，不過總拿需求來比較。假若現在有一種過於稀少，就算在它底種類裏面獨一無二的生產物而沒有人需求，那它就成了太豐裕，就成了多餘。倒轉來，假若一種增加到幾百萬倍的生產物仍應付不了需求，就是說，對這種生產物的需求太大，那末，它總是稀罕的。

這些可以說是不値一顧的平凡話，但這裏還要把它重新拉出來，以便弄明白蒲魯東先生底神秘。

『所以如果願意追究這個原理到它底最後(極端)的結果，那就可以達到下述最合邏輯的結論，就是說：凡屬日用所必需而數量是無窮的東西就會一文不値，凡毫無用處而極端稀有的東西，在價格上就站得無限高。

越到山頂上越增加頭昏眼花，越到極端越糊塗，不過，在實際上，這兩個極端不會出現：一方面人類的生產物不會增加到無限的數量；另一方面，稀有的東西總還有點用處到某種程度，不然就簡直不能有任何價值。可見，使用價值和交換價值必然地互相結合着，儘管宅們照宅們底本性不斷地竭力互相排擠着。』（第一卷，第三九頁）

什麼東西到最高頂上增加蒲魯東先生底頭昏眼花呢？很簡單，他忘記了需求，很簡單，一個東西全看宅是否有人需要，才算宅是否豐裕或稀罕。一丟開需求，他就把交換價值和稀有性並把使用價值和豐裕弄成相等。其實，倘他說：凡毫無用處而極端稀少的東西，在價格上就站得無限高，那他就簡單地說出了：交換價值簡直就是稀有性而已。所謂『極端的稀有性以及毫無用處』這簡直就是純然稀有性。所謂『無限高的價格』就是交換價值底最高限度，就是純粹的交換價值。他把這兩個名稱弄成同等。因此，交換價值和稀有性就是意義相同的記號，因他希望達到這個所謂『最後（極端）的結果』，蒲魯東先生眞把詞句推究到極端，但不推究這些詞句所表達的內容，這樣他推究了修辭學比邏輯更多。他相信已經發見了新的結果，其實他不過重新發見了他底原來的許多預先設定在它們底完全赤裸裸的狀態裏面而已，全靠這個辦法他就把使用價值和純粹的豐裕弄成同等。

當他把交換價值和稀有性，把使用價值和豐裕弄成同等以後，他簡直慌了，他既不在稀有性和交換價值中發見使用價值，又不在豐裕和使用價值中發見交換價值，而且，因爲他又看到在實際中這種極端不存在，於是他只好相信一個神秘，除此以外，就沒有辦法了。他知道一個價格，恰正因爲沒有一個買主來求它，才是無限高貴，並且只要始終忽視着需求，那他决不會找到買主。

另一方面，蒲魯東先生底豐裕好像是自然而然生成的。他完全忘記了，世界上有許多人生產着這個豐裕（財富），並且在他們底利害關心裏面，眼睛决不會離開需求。不然，蒲魯東先生怎麼能夠主張有些東西有很大的利用價值而很便宜或者甚而一文不值呢？他正該相反地達到下面這個結論就是說：若要抬高東西底價格，抬高交換價值，就要限制那很有用的東西底豐裕，限制它底生產。

過去，法國種葡萄的人們曾請求頒佈一條法律來禁止人家更多種葡萄，荷蘭人㈠曾燒毀亞洲底香料，曾斫除摩魯克島底丁香樹，這些人都簡單地願意減少豐裕來抬高交換價值。整個中世紀也照這個原理來幹過，它用法律㈡來限制過每個師父可以僱傭的夥友底數目，也限制過他可以使用的工具底數目。（參照安特生著『商業史』）

自從他把豐裕當作使用價值，把稀有性當作交換價值來處置之後——再來證明豐裕和稀有性處在相反的關系裏面形成反比例，這是再容易不過了，——蒲魯東先生就把使用價值和供給，把交換價值和需求混同了。為了使這個對立更加

㈠荷蘭東印度公司。這公司創立於一六〇二年，一手掌握了一切香料底貿易，由東方諸殖民地運到歐洲去。面臨着英國底競爭，荷蘭人決心毀滅摩魯克諸島上一切香料底種植並把居民土人統統變成了奴隸。該公司只在斑大和椒厤諸島上繼續種植諸香料，但收成很好，發生跌價之危險，荷蘭人乃大量燒毀由諸殖民地運來的大批香料，以便維持價格。——英文版註

㈡中世紀諸行會底諸規約。這些規約嚴格限制參加行會的師父們底經濟活動。諸規約禁止師父手下有超過一定數目底夥友和徒弟，也禁止生產底擴張，這些辦法企圖阻止過多的物品上市場，並阻止競爭。——英文版註

明顯起見，他調換了一個名詞用『意見底價值』來代替交換價值。於是鬥爭就轉換到另外一個領域中去了，於是，我們一方面得到了效用（使用價值，供給）另一方面得到了意見（交換價值，需求）。

這些互相矛盾的因素怎樣調和呢？怎樣才使它們一致呢？至少能不能在它們中間發見一個共同點呢？

『確實有一個——蒲魯東先生大聲說道——就是自由意志。價格乃是從供給和需求，效用和意見中間的鬥爭裏面發生出來的，不可能成爲永遠的正義底表現。』

蒲魯東先生繼續展開這個對立：

『憑我作爲自由的買主這一資格，關於我底需要我自己是裁判人，關於對象底合目的與否，我自己是裁判人，關於我對這個對象願意答允的價格，我自己是裁判人。另一方面，你作爲自由的生產者，關於實現底手段，你自己是主人，因此，你能够節省你底費用。』（第一卷，第四一頁）

— 44 —

並且，因爲需求或交換價值是和意見一樣的，所以蒲魯東先生只好說出下面的意思來：

『已經證明，就是自由意志引起了使用價值和交換價值之間的對立。只要自由意志始終存在，怎麽能解決這個對立呢？並且，不拿人來犧牲，怎麽能犧牲掉自由意志呢？』（第一卷，第四一頁）

所以這裏就不可能得到一個結果了。我們只得到一個鬥爭在兩個不可媾通的勢力中間，在效用和意見中間，在自由的買主和自由的生產者中間。

再走近去看看這些事體吧。供給並不專表明效用，需求並不單表明意見。需求者不也同樣親自供給某種生產物或貨幣即一切生產物底代表嗎？他當作供給者不代表——照蒲魯東先生所說——效用或使用價值嗎？

另一方面，供給者不同時也需求某種生產物或一切生產物底代表即貨幣嗎？並且他不也因此成了意見底代表，意見底價值或交換價值底代表嗎？

需求同時也有一個供給，供給同時也有一個需求。這樣看來，蒲魯東先生底對立，簡單地把供給與需求和效用與意見混爲一談，簡直就建立在空洞的抽象上面而已。

普魯東先生可以稱某種東西爲使用價值，另外一些經濟學家們有同等權利稱之爲意見底價值。我們願意單單引用史多吸來做例。（『政治經濟學教程』，第八八與八九頁）

照他說，我們覺得需要的許多東西就叫作許多需要，我們拿一個價值給許多東西，它們就叫作許多價值。大多數東西，只因爲它們滿足這個由意見造成的許多需要，才有價值。關於我們底許多需要，意見可能變化，東西底效用也一樣，它不過表現這些東西底關系到我們底許多需要而已。就是自然的許多需要也經常變化着。實在，在那些可供各種不同的民族當作主要糧食來使用的許多對象中間，什麼差別都有！

鬥爭不在效用和意見之間，而在供給者所要求的買賣（商業）價值和需求者所供給的商業價值之間發生着。生產物底交換價值經常是這些互相矛盾的估價底結果。

結局，供給與需求站在生產與消費對面互相對立着，但生產與消費在建立個人們中間的交換上面。

人家供給的生產物並不自始至終單獨就是效用。消費才決定宅底效用。並且就算人家承認了生產物有效用底本性，這還並不照宅那樣表明效用。在生產底經過中，宅曾和一切生產底費用和原料、和工錢進行過交換，這一切東西都有着商業價值。因此，在生產者底眼睛裏，生產物代表着商業價值底一個總額。生產者供給某個東西，這某個東西不單是一個有用的對象而已，也還是，實在特别是交換價值。

需求過到什麼問題呢？就是在需求運用着交換手段這範圍內，需求才有效力。這些交換手段本身又還是生產物，交換價值。

因此，我們在供給和需求中一方面發見一個花費過交換價值的生產物和想賣出的需要；另一方面，我們發見一些花費過交換價值的手段和想買進的願望。

蒲魯東先生把自由的買主放在自由的生產者對面。他把純形而上學的本性添加到雙方去。所以他也能夠說：『已經證明就是人類底自由意志引起了使用價值和交換價值之間的對立。』（第一卷，第四一頁）

只要生產者在一個建築在分工和單獨交換上面的社會裏面生產——而且這是蒲魯東先生底預先設定——生產者就不得不賣出。蒲魯東先生把生產者弄成生產手段底主人，他又在我們面前承認：生產者不靠自由意志來佔有生產手段。還有：這些生產手段大部分是從外國得來的生產物，而且在近代的生產中他向來沒有自由來生產出他願意的數額來；生產力底發展底現狀强迫他在這個或那個確定的程度上生產。

消費者也不比生產者更自由些。他底意見依靠着他底媒介物（手段）和他底種種需要。這兩個東西乃由他底社會的地位來決定，它又依靠着一般的社會組織。確實工人買洋芋和妾氏買花邊都跟從着他們各自的意見；但他們底意見之差別就要堯他們在現社會中取得的地位之不同來才說得明白，而這個社會的地位本身又是社會組織底產物。

種種需要形成一個體系。究竟這個體系整個兒建築在意見上面呢？或在生產底整個組織上面？大多數需要都從生產中發生，或從一個建築在生產上面的一般狀態中發生出來。世界貿易差不多專圍繞着不是個人消費底種種需要而是生產底種種需要來旋轉。再用另外一個例子來講，例如對公證人或律師的這種需要難道不預先設定着一個現成的民法，這民法不過是所有權即生產底一個確定的發展底表現而已嗎？

蒲魯東先生從供給和需求底關係中去掉了我們所說的諸要素，還不以爲滿足。他追逐抽象到了極端，他把一切生產者熔化成一個獨一無二的生產者，把一切消費者熔化成一個獨一無二的消費者，然後讓這兩個怪誕的人物表演一番鬥爭。但在現實的世界裏面事情就完全不是這樣。供給者們之間有競爭，同樣需求者們之間也有競爭，這競爭在購買者們與販賣者們中間形成鬥爭底必然的要素，鬥爭底結果就是交換價值。

去掉了生產底費用和競爭之後，蒲魯東先生就能夠把供給和需求底公式任意地弄到荒謬絕倫。

『供給和需求——他說——不外是兩個禮儀的形式有下述用途：把使用價值和交換價值互相對立起來並引起它們底周轉循環。這是兩個電極，把它們接連起來，就一定發生媾合底現象，名之爲交換。』（第一卷，第四九與五〇頁）

人家同樣應該可以說：交換只是一個禮儀的形式使消費和消費底對象媾合。人家同樣應該可以說：一切經濟的關係該只是禮儀的形式以媒介直接的消費。供給和需求是一個現有的生產底諸關係，不比個人交換多一點或少一點。

那末，蒲魯東先生底整個辯證法在那裏呢？就在下面：他用抽象的互相矛盾的諸概念，如稀有性和豐裕性，效用和意見，一個生產者和一個消費者，自由意志底兩個騎士來代替使用價值和交換價值，來代替供給和需求。

那末，靠這個，他想幹些什麽呢？

想自由掌握這個手段，以便遲早把曾經去掉的諸要素之一即生產底諸費用拉進來作爲使用價値和交換價値之間的綜合。所以在他底眼睛裏，生產底諸費用形成着綜合的或構成的價値。

第二節　構成的或綜合的價値

『交換價値是經濟構造底基石。』『構成的』價値是經濟的諸矛盾底體系底基石。

那末，什麼是這所謂『構成的』價値，造成蒲魯東先生在政治經濟學中全部的發見呢？

一旦預先設定了效用，勞動就成了價値底源泉。勞動底尺度是時間。生產物底相對的價値乃由製造這生產物時所曾花費的勞動時間來決定。價格是一個生產物用貨幣來表現的相對的價値。結局，一個生產物底構成的價値完全簡直就是這個價値，它由那價値所包含的勞動時間來構成着。

像亞丹斯密發見了分工一樣，蒲魯東先生主張自己發見了『構成的』價值，這確實不是『什麼聞所未聞的東西』，不過人家必須同時承認任何一個經濟學的發見都沒有什麼聞所未聞的東西。蒲魯東先生十分感覺到他底發見底整個意義，但相反地企圖降低聲調來說他這個發見底功績，『以便使讀者安心相信他底獨創性底要求，並且再和緩那些對新觀念懷戒心的不利的人們』。他底先驅者們每個都在價值底確定上有一份功績，但照他那樣估計，這些先驅者們底功績成份，比較起來，他就不得不大聲說道：最大的功績卽獅子底份頭應該歸他。

『綜合的價值觀念已為亞丹斯密所漠然認到……不過，在亞丹斯密那裏，這個價值觀念是完全直覺的。然而社會不會根據單單直覺來改變它底習慣，它只跟從事實底權威。矛盾曾必須更顯明地被表達出來，約翰B賽伊就成了這矛盾底主要的解釋者。』（第一卷，第六六頁）

這裏我們得到了綜合的價值底發見史，固定地而且現成地：亞丹斯密——漠然的直覺；約翰B．賽伊——矛盾；蒲魯東先生——構成着的並『構成了的』眞理。不要弄錯，其他一切經濟學家們，從約翰B．賽伊到蒲魯東爲止，不過在矛盾底舊路上打轉而已。『四十年來關於這樣一個簡單的觀念竟有這許多有思想的人們爭來爭去，這是很難敎人相信的。其實不然，諸價值被比較着但那裏沒有任何比較底支點在其間，也沒有測量底單位——十九世紀底經濟學家們曾不顧一切，决心主張這個，却不容納平等底革命理論。後世人對此又將怎麼說呢？』

這樣突然被呼喊着的後世人首先關於這個年譜不得不懷疑。他不得不質問：李嘉圖和他底學派是不是十九世紀底經濟學家？李嘉圖創立了下述原理即『商品底相對的價值完全符合於那爲了它底生產曾需要的勞動量』，他底體系起始於一八一七年。李嘉圖是復辟以來統治了英國的一個學派底領袖。李嘉圖底學說老實不客氣地代表着整個英國資產階級，它本身又是近代資產階級底典型。『後世人對此又將怎麼說呢？』總不會說蒲魯東先生不知道李嘉圖，因爲他講到李嘉圖，又冗長又空汎，每次都回到他那裏去，弄到最後，說他底體系是『廢話』。假若後世人有一天顧問此事，他也許會說：蒲魯東先生深怕惹起讀者底仇英心理，所以情願親自充當李嘉圖觀念底負責的發行人。這且不說，李嘉圖科學地證明了一個問題作爲目前的即資產者的社會底理論，而蒲魯東先生却把宅當作『革命的將來底理論』，李嘉圖和他底學派在蒲魯東先生以前很久說明了一個問題當作使用價值和交換價值底這個對立底一個方面即交換價值底科學的公式而蒲魯東先生却把宅當作這個對立底解决，後世人看到了這點覺得非常奇妙，不過，放開後世人在一邊而把蒲魯東先生去和他底先驅者李嘉圖對照一番吧。下面幾段是從李嘉圖底著作中抽出來的，這幾段總結着李嘉圖底價值理論。

『效用不是交換價值底尺度，儘管宅是交換價值底一個必要的因素也好。』

（『經濟學原理』，第一卷，第三頁）

『一旦東西被認爲本身有用，這東西就從兩個源泉中從宅底稀有性中又從那爲了得到宅而必需的勞動量中取出宅底交換價值。有些東西底價值只依靠宅底稀有性。因爲勞動不能增加宅底數目，但是，只有根據宅底更大的豐饒性才能減低其價值。彫像，名貴的繪畫等等就算是這類東西。這種價值只依靠那些想收藏這種東西的人們底資力，興趣和樂意。』（全上第四與第五頁）『但這種東西只佔那些天天交換的諸商品底非常有限的數量。因爲人家希望得到手的諸對象底最大數量是工業底產物，假如人家願意把那爲了生產它們而必要的勞動放上去，那末，人家可以不單在一個國度以內，甚而在很多的國度內把它們增加到差不多無限度的數量。』（全上第五頁）『所以當我們講到商品，商品底交換價值以及商品底價格受節制的諸原則時，我們只把下述這種商品放在眼睛裏面，就是說，這種商品底數量可由人的勞動來隨便增加，這種商品底生產會由競爭來促進而碰不到什麼障碍。』（全上第五頁）

李嘉圖引用了亞丹斯密，據李嘉圖說，亞丹斯密『曾以很大的精確性來展開了交換價值底第一個源泉』（見亞丹斯密第一卷第五章），並且添了下面一段話：

『把那些不能用人的勞動來隨意增加的東西除開，一切東西底交換價值底基礎在實際上就是這個勞動時間，這個命題是政治經濟學底最重要的科學命題，因爲，無論從那一個源泉也好，總不會像從價值這句話底浮汎的不明確的解釋中流出這麼許多迷妄，這麼許多在這門科學中的意見紛歧來。』（李嘉圖，第一卷，第八頁）『假如這個加進到一個對象裏去的勞動量決定着宅底交換價值，那末，從這裏就得出下面這些道理，就是：勞動量底每一次增加就必然地增加這吸取這勞動量的對象底價值，也就是：同樣勞動底每一次減少必定減少這對象底價格。』（仝上第八頁）

然後，李嘉圖還責備亞丹斯密下面幾點

一，亞丹斯密『替價值設定了勞動以外的尺度，一下子設定了小麥底價值，一下子設定了可以買進一件物品的勞動量』作爲尺度。（仝上第九與第十頁）

二，他『無保留地承認了這個原理，但把這個原理底運用限制在資本底積累和土地私有權以前的社會底原始的粗野的狀態上。』（仝上第二一頁）

李嘉圖企圖供給下述證明，就是：土地私有權，換言之，地租不能影響生活資料底價值，並且，資本底積累只有一個臨時的、變化不定的影響到價值底比率上去，價值只由那爲了生產一個東西而用去的勞動量底比率來決定。要證明這個命題，他展開了他底有名的地租理論，分析了資本，結局達到了這步：他在資本裏面只看到堆積起來的勞動。然後，他關於工錢和利潤底關係，展開了一個整個理論，並且證明：工錢和利潤在正反對的相互關係（反比例）中上漲或下跌，不致影響生產物底價值。此時他沒有看掉：資本底積累和資本底種種不同的性質（固定資本和流動資本）以及工錢底水準可以有影響到生產物底可以比較的價值上去。這些就是李嘉圖所專心的最主要的問題。

他說：『節省使用勞動，決不會不減低一種商品底相對的價值㈡不論其節省何種勞動，不論其節省那製造一個商品所必要的勞動也好，也不論其節省那形成

㈠大家知道李嘉圖用『那爲了得到一個商品所必要的勞動底份量』來確定一個商品底價值。但在任何以商品生產爲基礎的生產方式裏面，因此在資本主義的生產方式裏面，自然發生下述情形即這個價值並不直接被表現在勞動底諸份量裏面，反而在另外一種商品底諸份量裏面。一個商品底價值被表現在另外一種商品（貨幣或不是貨幣）底一個份量裏面，李嘉圖稱之爲商品底相對的價值。

——恩格斯註

一個資本（有這資本，一個商品才生產得出來）所必要的勞動也好』。（同上第十八頁）

『在這種情形下面，獵戶底一天勞動底生產物譬如鹿底價值恰正和漁戶底一天勞動底生產物魚底價值相等。魚和鹿底相比的價值完全由各方所實現的勞動量來決定，不問生產量如何，也不問一般的工錢或利潤高或低。』（同上第十八頁）

『雖把勞動當作商品價值底基礎並把商品底生產所必要的勞動底比較量當作規矩（準繩）來確定那在互相交換中應當交出的物品底相當底數量，但我們並不企圖否認商品底臨時的或市場價格底偶然的一時的變動離開商品底這個首要的自然的價格。』（第四七頁）

『恰恰生產費必定最後決定商品底價格，而不是供給與需要之間的比率，這已屢次講過。』（第二三二頁）

勞竇待爾曾按照求供規律或和需求相比較的稀有性和豐饒性底規律來展開過交換價值底變化。照他底意見，一個東西底價值在它底數量減少時或在對它的需求增加時就會增加；這價值因東西底數量增加或因需求減少就會減少。這樣一個東西底價值可以經過八個原因而變化，其中四個原因屬於這個東西本身，還有四個原因屬於貨幣或任何其他當作這個東西底尺度用的商品。李嘉圖反駁這個如下：

『商品假若爲某一個人或一公司所獨佔了，那就會照勞竇待爾所定下的規律來變化：倘賣出人增加了商品底數量，那末，商品就會跟這比例來跌價，倘買進人熱烈希望購買這種商品，那末宅就會跟這比例來漲價；商品底價格就和宅底自然的價值沒有什麼必然的聯系；但是，在競爭下面，並且商品底數量可以增加到任何適宜的程度，在這種情形下面，商品底價格結局會依靠生產費底增減而不依靠求供底情形。』（第二三四頁）

我們讓讀者把李嘉圖底這些簡單明瞭的說話去和蒲魯東先生想用勞動時間來確定相對價值的那種修辭學的企圖作一個比較好了。

李嘉圖告訴我們說，資產者的生產底現實的運動構成着價值。蒲魯東先生撇開這個現實的運動不談，而搜索枯腸想發明新途徑，想達到改造這個世界在一個所謂新的公式上面，而這個公式不過是這個已經由李嘉圖來表明得那樣淸楚的那現實的運動底理論的表現而已。李嘉圖把現成的社會當作出發點來證明這個社會怎樣構成着價値——蒲魯東先生却把構成的價値當作出發點想用這個價値底幫助來構成一個新世界。這構成的價値必須對蒲魯東先生自行旋轉，並且必須對一個已經在這個價値碼子底基礎上構成了的世界重新變成構成的因素。由勞動時間來確定價値在李嘉圖方面是交換價値底規律；但在蒲魯東先生底心目中，却是使用價値和交換價値底綜合。李嘉圖底價値理論是實際的經濟生活底科學的解釋；而蒲魯東先生底價値理論却是李嘉圖底理論底空想的解釋。李嘉圖從一切經濟關係中引導出他底公式來並且照這樣子來闡明一切現象，甚而那些如地租、資本底積累以及工錢與利潤底關係等等一望好像違反這個公式的許多現象，這樣子證明他底公式底眞實性。這就使他底學說成爲一個科學的體系；蒲魯東先生却憑純粹任意的假設來重新發見了李嘉圖底公式，往後也只好找出一些孤獨的經濟事實來，把宅們東拼西門，改頭換面，以便把宅們提出來當作榜樣，當作現成的應用，當作他底新產生的觀念底實現底萌芽。（見下面第三節，構成的價值之應用）

現在轉到蒲魯東先生從他底（由勞動時間來）構成的價值中引導出來的諸結論上面去吧。

勞動底某一份量和那由這同一勞動底份量所產生的生產物二者價值相等。

每天底勞動有像另外一天底勞動一樣多價值；這就是說，假若份量相等，那末，一個人底勞動有像另一個人底勞動一樣多價值；那裏沒有質的差別。假若勞動底份量相等，那末，一個人底生產物可以和另外一個人底生產物交換。一切人都是工錢勞動者，而且確實對相等的勞動時間則報酬相等。完全的平等統治着交換。

這些結論是『構成的』換言之由勞動時間來決定的價值底自然又必然的歸結嗎？

假若一個商品底價值乃由宅底生產所必要的勞動量來決定，那末，必然從這裏得出勞動（力）底相對的價值即工錢也同樣由這工錢底生產所必要的勞動量來決定。工錢即勞動（力）底相對的價值或價格是這樣子由勞動時間來決定的，這勞動時間是必要的，爲了生產出工人們所必需的一切物品以維持其生活。

如果減少帽子底生產費，這樣，宅底價格結局就會跌到宅底新的自然價格上去，儘管需求會增加到兩倍、三倍、四倍也好。如果設法減少那些維持生活的糧食衣服底自然價格來減少人們底生活維持費，於是工錢就會低落，儘管對工人的需求會大大地增加也好。』（李嘉圖，同上第二三二頁）

確實，李嘉圖底說話是够諷刺了。把帽子底生產費和人底生活維持費放在一個平面上就是要把人變成帽子。不過，不必大聲斥責這個諷刺。這個諷刺在事實裏而有根據而不在那些表明事實的詞句裏面。像特洛時、勃郎基、洛西等先生以及其他法國的作家們想力求遵從『人文派的』語調底傳統作風來證明他們比英國經濟學家們更高明一等以滿足自己，這種自滿未免幼稚無知；假若他們責備李嘉圖和他底學派有他們底諷刺的詞鋒，那末，只因爲他們看見經濟諸關係完全赤裸裸地暴露了出來，資產階級底神秘完全脫掉了假面具而驚惶失措罷了。

總結一番吧。勞動（力），因其是商品，就像商品一樣，由那生產這勞動（力）商品所必要的勞動時間來決定。那末生產這勞動（力）商品需要什麼呢？足夠的勞動時間，可以生產出一些不可缺少的東西來經常維持勞動（力），即保持工人活命並且傳種。勞動（力）底自然價格不外是工錢底最低額㊀。假若工錢底市場價格超過了它底自然價格，那末，正因為蒲魯東先生曾當作原則建立起來

㊀勞動力底『自然的』即正規的價格符合着工錢底最低額即符合着工人活命和傳種所絕對必要的生活資料底等價(代價)這個命題是首先由我在『國民經濟學批判大要』（『德法年鑑』一八四四年）裏面並在『英國勞動階級底狀況』裏面確立的。馬克思當時採用了這個命題，就在這本書裏也看得出來。拉薩爾從我們兩人手裏借用了這個命題。儘管在現實裏面工錢有一個經常的趨勢接近這個最低額，但上述命題終究是不正確的。照例並且平均起來勞動力得到報償總在它底價值以下，但這個事實不能改變它底價值。馬克思在『資本論』裏面不僅正確地確立了上述命題（勞動力底買賣那一章）而且（在二十三章，資本主義的積累底一般規律裏面）敘述了種種情形容許資本主義的生產越來越壓低勞動力底價格，到它底價值以下去。

——恩格斯註

的價值規律底作用受了求供關係底變動而暫被對消的緣故。但是工錢底最低額仍然不失其爲工錢底市塲價格所歸向的中心。

這樣由勞動時間來測定的相對的價值不可避免地是工人們底現代的奴隸狀態底公式，不能成爲蒲魯東先生所主張的無產階級底解放底『革命理論』。

且讓我們來看看：用勞動時間來當作價值底尺度竟和現存的階級對抗並和那直接的生產者（工人）、與生產物底所有人之間不平等的生產物底分配不相容到什麼程度。

且拿一種生產物例如麻布來說。麻布當作一種生產物，包含着一定份量的勞動。這個勞動量，儘管參加到這麻布底生產裏來共同活動的人們底相互的地位怎樣不同，但這個勞動量是經常同一的。

再拿另外一種生產物例如毛布來說，假定它像麻布一樣花費了勞動底同一份量。

如果這兩個生產物互相進行了交換，這就算勞動底同等的兩個份量得到了交換。勞動時間底兩個相等的份量互相進行了交換，但決不照樣交換生產者們底相互的地位，同時在勞動者和製造者相互之間的地位上也沒有任何改變。若要主張：由勞動時間來測定的兩種生產物底交換會得到一切生產者們底平等的報酬作爲結果，那就等於預先肯定：在交換之前早已有了平等參加生產物底分配。當毛布和麻布交換成功的時候，毛布底生產者就會在麻布上收回這份勞動，宅和他在毛布裏面所有的以前那份勞動一樣。

蒲魯東先生底迷妄由於他把一個至多可以當作未經證明的預先設定着的東西竟當作結果看。

再向前走吧。

勞動時間既當作價值底尺度，那末能不能至少預先設定諸（勞動）日是價值同等的，換言之，一個人底勞動日有像另一個人底勞動日一樣那麼多價值呢？不。

暫且假設一個寶石匠底勞動日等於一個織布匠底三個勞動日，那末，和織品比較起來首飾底價值底任何變動，除非這是求供底動盪底一時的結果，不然就一定因爲這個(首飾)或那個(織品)生產物所費的勞動時間有減少(首飾方面)或增加(織品方面)。假若種種不同的工人們底三個勞動日互相比較起來形成下面這個比率:一:二:三(1:2:3),那末,他們底生產物底相對的價值底任何變動就會是這同一比率(一:二:三)底變動。這樣子,價值可以由勞動時間來測定,不在乎種種不同的勞動日底價值不平等,不過,要用這個尺度還需要拿出一個可以比較的標準來給種種不同的勞動日:競爭決定這個標準。

你底勞動時間值得像我底那麼多嗎?這是由競爭來解決的一個問題。

競爭,照一個美國經濟學家說,確定着那在一天複雜(熟練)的勞動中包含着多少天單純(不熟練)的勞動。那末,複雜勞動日底還元成單純勞動日,這種還元不預先設定單純勞動本身被採用爲價値底尺度嗎?假若勞動底單單的份量不顧其品質如何就當作價值底尺度發生作用,那末,這事預先設定着單純勞動已成爲工業底樞紐了。這就預先設定着勞動因爲人隸屬於機器或因爲極端的分工而被平均化了;人們在勞動面前消失了;鐘擺(秒針)成了兩個工人底活動底精確的尺度，好像鐘擺是兩個火車頭底速度底精確的尺度一樣。所以，不該說一個人底一個（勞動）時間和另外一個人底一個（勞動）時間相等，毋寧說：一個人在一個時間裏有如另外一個人在一個時間裏面一樣那麼多的價值。

時間是一切而人就再也沒有什麼了，至多他還不過是時間底具體化而已。品質已經不再抵事了。只有份量決定着一切：時間對時間，日子對日子；然而，勞動底平均化决不是蒲魯東先生底永遠正義底工作。它是完全簡單地近代工業底產物。

在一個用機器來勞動的工廠裏面，一個工人底勞動差不多沒有什麼東西可以和另一個工人底勞動區別：工人們只能拿他們在勞動中用去的時間底份量來互相區別一下而已。儘管這樣，然而，這個份量的區別從某一觀點來看也顯出品質來，只要這爲勞動用去的時間一方面依靠着純物質的諸條件如身體的構造（體格）、年齡、性別，另一方面依靠着精神的純消極的諸情形如忍耐、沒感觸，勤勉。就算在工人底勞動裏面有一個品質的區別，結局這種品質至多也不過是最末等的品質，離開一個明顯的專門遠得很。這是實際情形在近代工業裏面有的。居然蒲魯東先生拿起他預備在『將來的時代』中到處實現平等化的那個鉋子放到那早已在機器勞動中實現了出來的平等化上面去。

蒲魯東先生從李嘉圖底理論裏面拉出來的諸結論根據着一個根本的錯誤。他把兩種測量商品價值的方法混在一起了：一種由用去的勞動底份量來測定商品底價值，又一種乃由『勞動底價值』來測定商品底價值。倘測量商品底價值的這兩種方式表明同一個東西，那末，人家就可以不分青白地說：無論那一種商品底價值乃由那在它裏面體現出來的勞動底份量來測定；又或者：價值由它可以買進的勞動底份量來測定；或者最後：價值由那可以得到它的勞動底份量來測定。

但實際遠不是這樣。勞動（力）底價值像任何其他商品底價值一樣不能當作價值底碼子用。兩三個例子足够把剛才所說的弄得更明白一些。

假使一斗小麥本來只花費一天，現在要花費兩天勞動，那末，它會得到它底原來的價值底兩倍；但是它（小麥）終究不能使雙倍的勞動量運動起來，因爲它終究不能包含比以前更多的養分。倘由那在小麥底生產上用去的勞動量來測量，那末，小麥底價值增加了兩倍；但是，由宅可以買進的勞動量來測量也好，由那可以把宅買進的勞動量來測量也好，宅總不會變成兩倍。另一方面，倘同一勞動生產了衣料比以前多兩倍，那末，衣料底價值會跌掉一半；儘管這樣，總不會因此，衣料底增加了兩倍的份量只能利用勞動底一半份量，也不會因此這一半份量底勞動可以利用兩倍份量底衣料；因爲這一半份量底衣料以後也好，以前也好，供給着同一的用途，給工人們。

所以由勞動底價值來測量生活資料底價值，這個方法違反着經濟事實；用一個相對的價值——宅本身還需要確定的一個價值——來確定一個相對的價值，這可以說是在一個錯誤的圈子裏打轉。

沒有疑問，蒲魯東先生把這兩個尺度弄混了：（一）爲了生產一個商品所必要的勞動時間和（二）勞動底價值。『每一個人底勞動——他說——可以買進這個勞動在本身裏面所包含的價值。』（第一版本，第八一頁）照他說，那末，在一個生產物裏面凝結了的某個勞動量就等於工人底報酬即勞動底價値。也就是這個想法使他把生產費和工錢等同起來。

『什麼是工錢？小麥等等底費用價格，每一個東西底總價格。』數行以後：『工錢是造成財富的諸要素底均匀配合。』（第一版本，第一一〇頁）什麼是工錢？工錢就是勞動底價値。

亞丹斯密一下採用那爲了生產一個商品所必要的勞動時間，一下採用勞動底價値作爲價値底尺度。李嘉圖揭穿了這個錯誤，他證明了這兩個測量方法底差別。蒲魯東先生更加重了這個錯誤，亞丹斯密不過把這兩個方法並排使用着，蒲魯東先生却把二者混同了。要想找到正確的比例，按照這個比例使工人們應當得到多少生產物，換句話說，要想確定勞動底相對的價値，蒲魯東先生替商品底相對的價値尋找一個尺度。要想替商品底相對的價値確定一個尺度，他想不出更好的辦法來，他只好拿出勞動底某個份量所生產的生產物底總額來當作這一勞動量底等價，這就等於設想整個社會只有領回着自己底生產物當作工錢的工人而已。

其次，他主張種種不同的工人們底勞動日底價值同等性為事實，一句話，他替商品底相對的價值尋找尺度，想達到平等的報酬給工人，他又承認工錢底平等為既成的事實，想在尋找商品底相對的價值這工作上有所作為。這是何等令人驚訝的辯證法！

『賽伊和他以後的經濟學家們曾說：勞動本身是估價底對象，像任何其他商品一樣是一個商品，如果把勞動當作價值底原理和決定原因來處理，那就是邪路。這些經濟學家們因此可以說暴露了莫大的粗心。

人家說勞動有價值，這並不因為宅本身是商品，不過考慮到人家承認勞動含蓄着（包藏着）諸價值而已。勞動底價值是譬喻的說法，把原因提在結果之前的說法。這是一個虛擬，和資本底生產性同其資格。勞動生產着，資本有着價值。所謂勞動底價值，不外是一種省略而已。……勞動像自由一樣照宅底本性來講是一種模糊不清的東西，不過照宅底目的來說，也具有明確的品質（形態），換句話說，宅有了生產物就成為現實。』（第一卷，第六一頁）

『然而何必多費時間在這上面呢，一旦經濟學家（當作蒲魯東先生讀！）改變了事物底名稱，他已默認了自己底無能，已放棄了武器。』（第一版，第一八八頁）

我們已經看到蒲魯東先生怎樣從勞動底價值中弄出生產物底價值底生效原因來。怎樣弄法呢？他以爲工錢——『勞動底價值』底通稱——形成着一切東西底總價格。因此，賽伊底反駁使他恐慌。他在勞動＝商品——這是一個可怕的事實——裏面，只看到一個文法上的省略。照這樣說，那末，今天整個建立在勞動（力）底商品性格上的社會從此以後就成了一種破格的詩文，建立在一個譬喻的表現上了。假如社會願意『去掉』一切使它煩惱的『麻煩』，那末，讓它去掉一切不好聽的詞句，改變人類底語言好了；要達到這個目的，只要呈請研究院準備一部新字典好了。這樣看來，就明白爲什麼蒲魯東先生在這個關於政治經濟學的著作中不得不處理許多冗長的議論關於語源學和文法學底其他部分。例如他到今天還來擺出學者面孔來議論『服務』這字底來源是『奴僕』這字等陳舊之談。這種言語史的議論有一個深刻的意義，一個神秘的意義——這些議論在蒲魯東先生底論證中形成重要的一部分。

勞動在被買進賣出的範圍內，就像任何其他商品一樣，是一個商品，因此，有交換價值。但是，勞動底價值，或者勞動作爲商品，不生産什麼，正好像小麥底價值或者小麥作爲商品不作滋養之用一樣。

每逢生活資料底價格高些或低些，每逢人手（勞動力）底供求到這個或那個程度勞動就『值得』多些或少些等等等等。

勞動不是『模糊不清的東西』，那不是空空泛泛的勞動一般，那是始終一個確定的勞動，人家在那兒買進賣出。不僅勞動要由目的來確定它底素性，目的也一樣要由勞動底特種的素性來確定。

只要勞動在被買進賣出的限度內，那就是商品。爲什麼人家要買它？『考慮到人家承認勞動含蓄着諸價值』。不過，假如一件東西被稱爲商品，那末問題就已不在於這件東西爲了什麼目的被人家買去，換句話說，已不在於人家從這件東

— 73 —

西裏面取出的效用，已不在於人家想拿它來做什麼用途。作爲買賣底對象，才叫一件東西爲商品。蒲魯東先生底一切小聰明只限於下面一點：人家買進勞動來不當作直接消費底目的物，不，人家買進它來當作生產底手段，像人家買進一架機器一樣。當勞動在商品這一資格底限度內，它有價值，但不生產什麼。

蒲魯東先生未嘗不可以說：世界上沒有什麼東西可以絕對叫作商品，因爲每一個商品只爲了某種確定的使用目的才被人家買進，决不單單當作商品。

蒲魯東先生既用勞動來測量商品底價值，就會發生一個模糊的感覺，就是說：勞動在它有一個價值，在它是勞動＝商品這範圍內，就不可能不受這同一個尺度底節制。他感覺到，這就是把工錢底最低額當作直接的勞動底自然的和正常的價格看，這也就是他肯定了社會底現狀。於是，要想逃避這個致命傷的結論，他就掉轉頭來主張勞動不是商品，不能有什麼價值。他忘記了，他親自採用過勞動底價値當作尺度；他忘記了，他底整個體系建築在勞動商品上面，建築在人家買進賣出的，自己和諸生產物交換的勞動上面，建築在勞動作爲工人們底直接的收入源泉上面，——他忘記了一切。

要想挽救他底體系，他決心犧牲體系底基礎。

爲了生活而放棄生活底基礎。

現在我們達到了『構成的價值』底一個新的說明。

『價值是造成財富的諸生產物底勻配底——比率。』

首先我們說：這個簡單的字眼即『相對的價值』或『交換價值』包含有諸生產物在其中互相交換的某種關係（比率）底意思。即使人家拿勻配底比率這個名稱來給這個關係，但除名稱外，對於相對的價值本身沒有任何改變。生產物底價值往上漲也好，往下跌也好，總不致從生產物中去掉下面這一本性，即它可以和其他造成財富的諸生產物在一定的勻配底比率中存在。

這個新的表現，不帶來什麼新的意思，那末爲什麼還要它呢？

『勻配底比率』使人家聯想到許多其他的經濟關係，如生產底勻配，供求之間正確的均勻比率等等；並且當他製造交換價值底這些訓人的寓言時，他已經想到了這一切。

因爲，首先，生產物底相對的價値乃由那造成一個生產物所該當用去的勞動量來確定，所以，勻配底比率這個字眼，用在這個地方，就表示那些在一定的時間內製造出來並且因此可以互相交換的諸生產物底該當的份量。

再看蒲魯東先生究竟怎樣利用這個勻配底比率。

大家知道，倘供求相抵，那末，生產物底相對的價値就恰正由宅裏面所含勞動底份量來決定，就是說：這個相對的價値恰正表明着勻配底比率在前面我們所說的意思裏面。

蒲魯東先生把事體底順序弄顚倒了。他說：只要開始用生產物裏面所含勞動底份量來測定一個生產物底價値，那末，供求就會相抵，絲毫無爽。生產正配着消費，生產物經常可以互相交換，宅底臨時的市場價格恰好表現着宅底正當的價値。不像一般人那樣說：天氣好的時候就有許多人出外散步；蒲魯東先生却使他心目中的人們首先出外散步，然後保證他們天氣好。蒲魯東先生從這空想地用勞動時間來確定的交換價值中提出什麼東西來當作結論也好，只有那不得不用近乎下面一些詞句來叙述出來的一個規律（法律）才有辦法把它辯護：

將來生產物應照它所花費的勞動時間底恰當的比例來交換。不論供求關係如何，商品底交換應如同商品依照需求來被生產着一樣經常進行。

讓他担任制定並貫徹這樣一個法律（規律）好了，我們願意把證明都免除。倘他相反地，不像立法家一樣來辯護自己底理論，而像經濟學家一樣來主張自己底價值，那末，他就該證明：怎麼那爲了生產一個商品所必要的時間恰好標明它底效用底程度，此外還標明它和需求配合並且跟着固定那社會的財富底總額呢？這時候，倘一個生產物賣出去得到一個和它底生產費相等的價格，那末，供求才經常相抵；因爲這裏生產費當作供求關係底眞實表現之用。

蒲魯東先生確實想證明：爲了生產一個生產物所需要的勞動時間表現着它和種種需要之間正當的關係，所以在生產上花費時間最少的東西是最直接有用的東西，——照這樣他逐步前進。照這個學說講，一個奢侈品底單單的生產就立即證明這個社會有過多時間容許宅滿足一個奢侈底慾望。

蒲魯東先生替自己底主張發見這個證明在下面這些觀察裏面，就是：最有用的東西花費生產底時間最少；就是：這個社會經常用最輕便的工業來開始生產；就是：這個社會『逐漸進到生產那些花費更多勞動時間並適合更高慾望的許多東西』。

蒲魯東先生從丟拿葉先生那裏借了採伐工業——採集、牧畜、游獵、撈魚等等——這是最簡單、花費最少的工業底例子來說，人類一開始這個工業就開始了『他底第二個創造底第一天』。（第一版，第七八頁）他底第一個創造底第一天在創世紀裏面記載着，宅表明世界上第一個大製造業者就是上帝。

事實完全不像蒲魯東先生所想那樣進行着。當文明一開始的時候，生產就開始建立在等級、身份、階級上面，最後在累積起來的勞動和直接的勞動底對立上面。沒有對立就沒有進步：這是文明一直跟隨到今天的規律。諸生產力就在這階級對立底統治底基礎上發展過來到現在。到今天來說：因為一切工人們底一切需要已經得到滿足，所以人類可以從事創造更高級的生產物——從事更複雜的工業，這種說法就忘記了階級對立並且把歷史的發展弄顚倒了。這好像說：因爲在羅馬諸皇帝下面鰻魚被人家養在魚池裏，所以，當時糧食很豐富足夠養活全部羅馬帝國底人口。其實，相反，羅馬人民連最必要的東西都沒有辦法買到手，而羅馬貴族却有很多奴隸當作食餌丟給鰻魚吃。

糧食底價格差不多一直連續往上漲到現在，而工業品和奢侈品底價格却差不多連續往下跌到現在。就拿農耕工業來講：最不可缺少的東西如小麥、肉類等等底價格往上漲，而棉花、糖、咖啡等等却往下跌到驚人的程度。就在眞正的食用商品裏面，百葉菜、龍鬚菜等奢侈品今天比最必要的生活資料便宜。在我們這個時代裏面，多餘的不必要的東西倒比必要的東西更容易被人家生產。最後，價格底對比不僅在不同的歷史諸時代中各異，甚而相反。整個中世紀農業生產物比工業生產物更便宜；在這個時代裏面情形却相反。但就因此能說農業生產物底效用從中世紀以來減少了嗎？

生產物底使用乃由消費者們所處的社會關係來决定，而這些社會關係本身却被建立在階級對立底基礎上。

棉花、洋芋、燒酒是最普遍使用的對象。洋芋產生了瘰癧；棉花大規模地驅逐了羊毛和亞麻，其實單從衛生底觀點來講，羊毛和亞麻在許多時會有更大得多的效用。最後，燒酒戰勝了啤酒和葡萄酒，其實，大家普遍承認燒酒作爲享樂底資料是有害的。足足一個世紀，各國政府竭力抵抗歐洲的鴉片煙，沒有收效，經濟決定着問題，經濟下命令給消費。

那末，爲什麼棉花、洋芋和燒酒是資產者的社會底樞紐呢？因爲生產這些東西，需要勞動最少，因此價格也最低。爲什麼這個價格底最低額决定着消費底最大額？難道因爲這些東西有什麼絕對的效用，因爲這些東西裏面有內在的效用，因爲宅們底效用儘量可以，在最有效的方式裏面，適合工人當作人看的種種需要而不適合人當作工人看的種種需要嗎？不；反而因爲在一個建築在貧困上面的社會裏面，最貧困的生產物有這個自然必要的特權來供大衆底使用。

想主張：因爲最不貴重的東西，更多被使用，所以宅一定有更大的效用；就等於主張：生產費低廉的燒酒底那樣廣汎地被人使用就是燒酒底效用底最有力的證明；就等於向無產者宣傳：洋芋比肉類都對他有益於衛生；就等於肯定現在的實際情形；最後就等於像蒲魯東先生一樣，粉飾一個社會，一點也不想理解宅。

在將來的社會裏，那裏階級對立消滅了，再沒有階級存在了，那時，使用就不會再受生產底時間底最低額來節制，在種種不同的諸對象上花費的生產底時間反而要由宅們底社會的效用來決定了。

再回到蒲魯東先生底主張上去就看出：生產一個東西所必要的勞動時間既不成爲這個東西底效用程度底表現，那末，這個東西底預先由勞動時間來決定的交換價值就決不能成爲決定的力量，對於供給對需求的正確關係，即蒲魯東先生曾說過的勻配底比率。並不是照一個生產物底價格賣出這個生產物就構成得了供給對需求的勻配底比率或這個生產物在生產底總額裏面所佔的恰當的份頭；反而供求裏面的變動告訴着生產者說一種商品應該生產多少，以便在交換中至少收回生產費。

並且，因爲這些變動連續發生着，因此，就發生資本底連續的運動：投放到各種不同的工業部門中去以及從那裏撤回來。

『資本只依照這種變動底結果，才恰正以需要的比率被投放到正有人需求的各種不同的商品底生產上去。跟着價格底漲落，利潤也上昇或下降到一般水準以上或以下；因此資本或者得到勇氣想參加，或者受到警告要脫離那正在發生價格變動的產業部門。』（李嘉圖，同上第四七頁）

『如果觀察一下大城市底諸市場，看到有許多國內外商品有規律地以諸市場所需求的數量被供給到這些市場上來應付着因嗜好底變化或人口底變動而變化着的種種需求，不至於常常因供給太多而銷路停頓或因供給不敷而價格高漲，那末，我們不得不承認一個原理，即用恰好需要的比率來把資本分別投送到各種不同的工業部門中去的這個原理有很大作用，要比普通所設想的程度還大。』（李嘉圖，同上第四八頁）

假如蒲魯東先生承認生產物底價值乃由勞動時間來決定，那末，他同樣應該承認只有這個搖擺的運動才使勞動成爲價值底尺度。世界上沒有一個現成構成了的勻配底比率，只不過有一個構成着的運動而已。

剛才我們已經知道應當把均勻配合即由勞動時間來決定的價值底一個結果，說成什麼意思才算正確。現在我們來看看這個用時間來計算的尺度，即蒲魯東先生所謂『勻配底比率底規律』怎樣會轉變成不勻配底比率底規律。

每一個新發明，使生產能夠花費一小時就生產出至今要花費兩小時才生產得出的東西，那末，同是這一類生產物就要在市場上跌價。競爭強迫着生產者出賣這兩小時的生產物像一小時的生產物一樣便宜。競爭才使下述規律即生產物底相對的價值乃由爲了生產它而必要的勞動時間來決定，這一規律發生效力。把勞動時間當作交換價值底尺度來使用，這個事實就像上面所說那樣變成勞動連續跌價底規律。不僅如此，這種跌價不僅伸張到運到市場上來的諸商品上去，而且還伸張到生產底工具上以及整個工廠上去。李嘉圖已經指點過這個事實，他說：『因諸生產力不斷的生長，那些過去已經生產出來了的東西底價值會不斷減少。』

(同上第一六六頁)西斯蒙地更進一步。他在這由勞動時間來『構成的價值』裏面，看到近代工業和商業底一切矛盾底根源。

『交換價值——他說——結局是經常由那要得到這件計價的東西而花費的勞動量來决定的：這並不是宅實在花費了的勞動量，而是將來用也許更完備的手段來生產時將要花費的份量，而且這個份量，雖很難計算，但始終由競爭來恰當地確定着……就是在這個基礎上估計着販賣人底需求以及購買人底供給。販賣人也許宣佈這件東西曾花費了他十天勞動；但如果購買人確知這件東西後來只花費八天勞動就可以生產出來，並且競爭證明這點給兩造看，那末，價值就遭到削減，而市場價格就會固定在僅僅八天工夫上。當然，兩造任何一方，都相信這件東西有用處，有人要，沒有人要就賣不出去，但價格底决定沒有什麽東西要同效用一起來辦理。』(『研究』，第二卷，第二六七頁)

不是生產一個東西所花費的時間，而是一個東西可能被生產出來的時間底最小量决定價值，而且這個最小量是由競爭來肯定的；——把這個情形放在眼睛裏是重要的。暂且假定世界上不再有竞争，因而再没有必要主張生產一個商品所必要的勞動底最小量，這時會發生什麼結果？那只要花费六小時工作生產一種東西就可以依照蒲魯東先生得到一個權利去要求别人僅僅在一小時裏面生產出來的東西底六倍之多好了。

倘我們不論好壞都要承認關係，那末，我們得到的，倒不是匀配底比率而是不匀配底比率。

勞動底不斷的跌價只是一個方面，用勞動時間來替商品衡量價值的一個結果。過份抬高價格，生產過度，以及這工業的無政府狀態底其他許多特點都在這個估價底方式裏面得到它們底說明。

然而，勞動時間用作價值底尺度是不是至少足以引起諸生產物中間均匀的改變花樣來使蒲魯東先生那樣得意呢？

完全相反，其結果，只是單調不堪的獨佔左右着生產物底世界，正如大家親眼看到親身知道那樣，獨佔左右着生產手段底世界。只有工業底兩三個部門，如棉花工業，才可以很快進步。這個進步底結果就是例如棉花工廠底生產物很快跌價：不過，跟着棉花底價格低落下去，麻布底價格一定會相對地昂貴。這會發生什麼結果？麻布會被棉花所擠掉。這樣子，亞麻就從差不多整個北美洲中被驅逐出去了。結果我們並沒有得到諸生產物底均匀的改變花樣，而得到了棉花底優勢。

這個匀配底比率還剩下什麼呢？除了一個愚夫底願望之外沒有什麼了；愚夫很願意在他能夠按照愚夫底價格來出賣商品的匀配中生產商品。無論什麼時候滿口仁義的資產者們和經濟學家們老喜歡表明這種孩子氣的願望。

讓那位波亞基亦倍兒老先生來發言吧：

『諸商品底價格——他說——必須經常配合均匀，因爲只有這樣一個互相諒解才使它們得到一個餘地，使他們任何時候都可以把自己交給對方（這裏就有蒲魯東先生底連續的交換可能性）……因爲財富不外就是人和人、行業與行業之間的連續的往來交換，所以不到這種買賣因爲價格底匀配（比例）遇到擾亂而發生

的中絕裏面去，而到別處去找貧困底原因，這就是驚人的盲目。』（『論財富底性質』，第四〇五與四〇八頁）

再聽另外一個現代經濟學家講吧：

『應當用到生產上去的有生命的規律就是勻配底規律，只有這個規律可以保持價值底連續性……等價必須有保證……一切國家曾在不同時期中企圖用許多商業上的規定和限制來使這勻配底規律發生效力到某種程度，但利己心，生爲人底本性，竟發展到把這種制度底整個體系都拋棄了。』一個勻配的生產是眞正的社會經濟科學底實現。』（W·阿金生：『政治經濟學原理』，第一七〇和一九五頁）

光榮的托洛耶名城早已不在了。供求之間眞正的勻配，現在又一次開始變成那麼許多虔誠的願望底目標，但早已停止存在好久了。它早已經過了老死底時期，到棺材裏去了。只在生產手段很有限，交換底運動發生在非常狹窄的境界裏面的時期中，它曾有可能存在。跟着大規模工業底誕生，這個眞正的勻配早就消滅了，而且生產就帶了自然必要性在繁榮（興旺）、消沉、危機、停滯、新繁榮

（再興旺）這個連續循環中勉强過活。

像西斯蒙地那樣想恢復生產底眞正的匀配又保存社會底現在的基礎的那些經濟學家們是反動的，因爲，要貫澈主張，他們只好竭力設法恢復過去的一切其他生產條件。

什麼東西保持生產在眞正或多少眞正的匀配裏面呢？需求走在先，供給走在後，需求左右供給。生產一步一步緊跟着消費。

大工業，已受它所使用的工具所强迫，不得不越弄越大規模地生產，來不及等待需求。生產走在消費之先，供給强制着需求。

在今天的社會裏面，在以個人交換爲基礎的工業中，這個生產底無政府狀態是這麼多貧困底根源，同時又是一切進步底原因。

所以，這裏只有兩條路可以選擇：

或者你希望用現代的生產手段來恢復過去幾百年有過的眞正匀配。那末，你就是一個人身兼反動家和空想家二職。

— 88 —

或者你願意進步，但不要無政府狀態，那末，你就得放棄個人交換以便保留諸生產力。

個人交換只適用於過去幾百年中間的小規模生產和宅特有的『眞正的匀配』，但還適用到大規模工業上來，就引起一連串貧困與無政府。

總之，用勞動時間來决定價值——蒲魯東先生給我們設立這個公式當作未來應當產生出來的公式——只是今天這個社會底經濟關係底科學的表現，早在蒲魯東先生以前由李嘉圖來論證得很明確了。

但是，『平等主義的』應用這個公式，至少應當歸功於蒲魯東先生嗎？是他第一個想到，把一切人改造成直接的、互相交換同等勞動份量的勞動者，來改造這個社會嗎？他有資格責備這些共產主義者們——這些一點不懂政治經濟學的人們，這些『頑固不化的人們』，這些『夢想天國的夢想家們』——沒有在他以前發見『無產階級底問題底這個解决』嗎？

只要多少熟悉一點英國政治經濟學底發展，就知道這個國度底一切社會主義者們，在各個不同的時期中，提倡過平等主義的應用李嘉圖底理論。我們可以給蒲魯東先生舉出霍傑士金底政治經濟學（一八二二年），威廉湯姆生底『財富分配底最增進人類幸福的諸原理研究』（一八二四年）；愛特孟次底『實踐的，道德的和政治的經濟學』（一八二八年），等等，並且還可以舉出四頁之多這類書名來。現在，只讓一位英國共產主義者，勃雷先生來說就夠了。我們願意從他底值得注意的著作『勞動底諸弊害和勞動底救濟』（黎茲城一八三九年）中拿出決定的幾段來並且我們準備在那裏花費相當長的時間，因爲，第一、勃雷在法國還很少人知道，其次，因爲我們相信在他底著作裏面發見了這個鑰匙可以啓發蒲魯東先生底過去的現在的將來的論著。

『想得到眞理，唯一的辦法就是親自弄明白這第一個基本概念。首先，讓我們回溯到各種政府所由發生的根源上去吧。這樣走到根源上去，就可以看出各種政府底形態，各種社會的和政治的不正，都是從現在統治着的社會體系中，從今天存在着那樣的私有財產制度中，產生出來的，並且看出：我們因此，必須根本推翻社會底現狀以便永遠結束我們這時代底不正和貧困……這樣子，我們到經濟學家們自己底領土上去並且用他們自己底武器去攻擊他們，就可以阻止他們常常喜歡套到人家頭上的那種如夢想家和敎條主義者（『理論家』）之類無聊的譏笑。倘他們不否認或不輕視這些公認的眞理和原理——他們自己底論證就建築在這些眞理和原理上面——，那末，他們就沒有可能反駁我們用這個方法來達到的那些結論。』（勃雷，第一七和四一頁）

『只有勞動賦予着價值……每一個人都有不可爭辯的權利對於其他底眞誠的勞動所創造的一切。倘他這樣子取回他自己勞動底成果，那末，他對別人，沒有做什麼不正；因爲，他不反對別人有權利照樣處理他自己底勞動底生產物……高貴與下賤，主人與奴僕等等所有這些觀念是因爲人家忽視了這第一個原理，並因爲結局發生了財產所有權底不平等；並且，只要這個不平等繼續維持下去，那末，這些觀念就不能除根，也不能推翻那些拿這些觀念做基礎的制度。人們至今盲目地希望矯正這個不自然的現狀……靠下面這個辦法即破壞這個現存的不平等但絲毫不傷觸這不平等底原因，把宅放過去；但是人家可以立即看出：不良政府不是一個原因，而是一個結果——宅不是創造者，而是被造物——宅是財產所有權底不平等底產物；——財產所有權底這個不平等和我們今天的社會體系是不可分割地聯系着的。』（勃雷，第三三頁、三六頁、三七頁）

『在平等底一個體系方面不僅有莫大的利益而且有至高的正義……每個人是一個環節，並且一個不可缺少的環節，在種種活動底連環中間——這連環底開端只是一個觀念，一個意思，而宅底結局是很可能一件衣服底生產。這樣子，儘管我們對種種不同的勞動部門可以有種種不同的感覺或興趣，但並不能夠從這個事實中得出結論來說：這個人底勞動應當比別人多拿一點報酬。發明家除開得到正當的報酬外，還經常會得到我們底禮物：這表示我們底讚仰，也只有天才可以從我們手中得到這種禮物。……』

『按照勞動和交換底性質本身來說，嚴格的正義要求着一切交換者們不僅相互地得到利益而且也平等地受到利益。人類相互間能夠交換的，只有兩樣東西，就是勞動和勞動底生產物。倘交換依照一個公正的體系來進行，那末，一切物品底價值可由它們底**全部生產費**來決定；並且**相等的諸價值**就經常和**相等的諸價值交換**。假如一個帽匠費一天工夫做一個帽子，鞋匠也費同樣時間做一雙鞋子（假定兩種東西所費原料有同樣的價值），雙方互相進行交換，那末，他們不僅相互間得到利益而且平等地得到利益：一方所得利益不會變成不利於對方，因爲，每人都拿出了同等的勞動量，而且各人所用材料都有同等的價值。但假如帽匠想得到**兩雙**鞋子換**一隻**帽子——而勞動時間和材料底價值却像從前一樣——那末這個交換顯然是不公平的。這個帽匠就會騙到鞋匠一天勞動，並且假如帽匠在一切交換裏都這樣幹，那末他用**半年**勞動就會得到別人**全年**的生產物。……

至今我們恰恰就在這個最不公平的交換制度上活動着——**工人們**拿出了全年的勞動給資本家，但只換到半年的價值——並且就從這裏——並不是從個人們底體力和智力底不可免的不平等性裏面發生了在我們周圍存在着的財富和權力底不平等。用一個價格買進，用另外一個價格賣出，這個不平等交換底一個不可避免的條件就是資本家永遠做資本家，工人永遠做工人——前者是暴君們底一個階級，後者是奴隸們底一個階級……這一整個交易全面地表明資本家和財主們對工人底一個星期底勞動，只不過拿出他們前一星期從工人手中得到的財富底一部分來給工人——這恰恰等於拿沒有東西去向工人換某種東西……在工人和資本家中間這個交易是一個顯然的欺詐，一個完全的怪劇；事實，成千成萬的例子，不外是一個可恥的用法律來官許的盜竊而已。』（勃雷，四五、四八、四九、五〇等頁）

『……僱主底所得就是受僱者底所失——直到各部分底交換達到平等爲止；但如果這個社會仍然分成資本家和勞動者、勞動者靠勞動過活而資本家都靠那個勞動底利潤來喫喝得又肥又胖，那末，交換也就平等不起來……。』

『很明顯，——勃雷先生繼續說——儘管建立任何形態底政府……儘管談論道德和博愛……那裏沒有平等的交換，那裏就沒有平等互惠……交換底不平等，既成爲財產所有權底不平等，就是這個看不見的敵人在吞滅着我們。』（勃雷，第五一與五二頁）

『不僅一切人都應該勞動，靠勞動才可能進行交換，而且相等的諸價值必須經常交換得到相等的諸價值——而且一個人底所得不應當變成另一個人底所失，價值必須經常由生產底費用來決定，這不是隨便想到的，而是愼重考慮了社會底目的和企望之後才得出來的結論。不過我們已經看到：在社會底現存諸秩序下面，資本家和富人底所得經常是工人底所失——這個結果就避免不了，一定要出現，並且窮人完全被操縱在富人手中，不管在政府底什麼形態下面，只要那裏有交換底不平等——並且交換底平等只有在沒有那一個不勞動的社會秩序下面才有保證……如果交換達到了平等，那末，今天資本家底財富就會逐漸轉移到工人階級底手裏面去。』（勃雷，第五三與五四頁）

『只要這個不平等交換底制度繼續存在一天，勞動者們會像他們今天的情形一樣窮苦，無知無識，過度負担着沉重的勞動，儘管一切捐稅，一切政府的附加都廢除了，也不濟事……只有整個兒改變這個制度，只有勞動和交換底平等——才改變得了權利關係底現存狀態……勞動者只要努力就行了——爲了拯救他們自己，一切努力必須由他們親自來動手——這樣他們將會折斷他們底鎖鏈，永不再帶了……作爲一個目的，政治的平等是一個錯誤，作爲一個手段，也是錯誤。』

『……那裏建立了平等的交換，那裏一個人底所得就不可能變成另外一個人底所失；因爲，那時，每次交換只是勞動和財富底授受（交來交去），不是一個犧牲。這樣子儘管在平等交換的社會制度下面，一個節省的人也許會變成富足，但他底財富不會比他靠自己底勞動所積蓄起來的生產物更多。他也許拿他底財富出來交換，或者也許他拿它來送給別人……但是一個富裕的人一停止了勞動就不能較長期地繼續富裕下去。在交換平等底制度下面；財富就不可能像今天這樣有一個生殖的、儼然自己生長的能力，它不可能塡補一切因消費而來的損失；因爲，除非用勞動來重新生產，不然，財富一旦被消費了，那就永遠也不會再繼續存在着。今天那些所謂利潤和利息之類，在平等交換底制度下面，再也不能存在；因爲生產者和分配者會得到相等的酬勞，並且他們底勞動底總額會決定那個被生產出來並拿到消費者手中去的物品底價值。』

『所以平等交換底原則一定從它底眞正的本性裏面來保證普遍的勞動。』（勃雷，第六七、八八、八九、九四、一〇九諸頁）

駁斥了經濟學家們對共產主義所表示的反對意見之後，勃雷先生繼續說：

『倘若要使公共底社會制度成功到最完美的形態，那時，必須有改變了的性格——倘若同時現在的制度不供給任何條件和方便來實現這必要的改變性格以便人家達到這個人家願意的更高更好的狀態——很明顯這些情形一定會照現在這樣繼續下去，除非……人家發見並利用某些準備階段——某種運動，一部分牽涉到今天的，一部分牽涉到人家希望的制度——某種中間的休養地帶，社會可以帶着一切弊病和愚蠢到那裏去，然後從那裏帶了那些公共與平等底制度所必不可少的品質和禀賦出來。』（勃雷，第一三四頁）

『……這整個運動將單單要求形式最簡單的合作……生產底費用將在任何時候都決定價值；而且相等的諸價值將經常交換得到相等的諸價值。假如一個角色工作了一個星期，另外一個角色只工作了半個星期，前一個人將得到後一個人底

— 97 —

酬勞底兩倍；但是，這一個人底較多的酬報將不至於引起另外一個人底破費，後一個人所招的損失無論如何也不會落到前一個人底身上去。各人交換着各人所得的工錢（酬勞）而換到和各人底工錢一樣價值的商品；並且任何時候，一個人或一個行業底所得不會變成另一個人或另一個行業底所失。只有各人底勞動將是唯一的碼子決定他底得失……。』

『……依靠貿易總局與分局……要消費的種種商品底種種份量——各種商品互相比較起來它底價值——在各種行業和勞動部門中所要的人手（勞動力）多少——以及關於生產與分配的一切事項，很容易在短時間內，替一個民族像在今天這種秩序下面替一個公司一樣容易，確定下來……。』

『……在現存制度下面，個人們構成諸家族，諸家族構成諸市鎮，在合股交易實行起來之後這些情形也是一樣。人民像今天這樣分住在城市和鄉村裏面，儘管不好，還不至於受到干涉……在這個合股制度下面，像在現存制度下面一樣，每一個人都有自由可以積蓄照他喜歡那麼多，並且不論何時何地只要他認爲適宜，就可以享用這些積蓄……。』

『……這個公共組織底大的生產單位（部門）將被分成較小的生產諸單位底一個確定的數目，大家勞動，生產並且根據最完全的平等底基礎來交換他們底生產物……。』

『……並且這個變相合股公司（這個變相只是對現社會一個讓步，以便達到共產主義）是照下述情形來構成的，就是它承認在生產中的個人財產和對諸生產力的公共財產互相聯系（互相結合）——使每個人都依靠他自己底努力，同時允許他平等分享每一個由自然或技藝所供給的利益——宜於應用到像現在這樣的社會裏去，並宜於準備道路走向將來更好的日子。』（勃雷，第一五八、一六〇、一六二、一六八、一九四、一九九頁）

我們只有幾句話對勃雷先生，他處在下述這個地位上，他無須我們委托並出乎我們意料之外，可以掘出蒲魯東先生底根來，所不同者，勃雷先生決不想對人類下最後的斷語，不過提倡了一些辦法，他認爲這些辦法對於一個從今天這社會到那公共組織底制度去的過渡底時代是適合的。

某甲底一個勞動時間交換得到某乙底一個勞動時間，這是勃雷先生底基本命題。

假定某甲做了十二小時，而某乙只做了六小時。某甲就可以和某乙來一次交換，僅僅六小時換六小時。結局某甲就有六小時底勞動剩下來。他想拿這六小時底勞動來幹什麼呢？

或者他什麼也幹不了，——這時候，他就白白做了六小時；或者下次他空閑六小時，以便得到一個平均；再不然，最後一着就是把這自己用不着的六小時，在交易中統統拿給某乙。

交換之後，某甲能比某乙更多得了什麼沒有？多得了一些勞動時間？不！他不過多費了一些不收效果的時間；他只好在六小時勞動中粧扮得像懶惰鬼一樣。並且，爲了希望這個懶惰鬼底權利不僅得到默認而且得到讚揚起見，就必須這個社會在懶惰裏面認出宅底最高的幸福，而且把勞動看作一付沉重的枷鎖，不問任何代價，非破壞宅不可。

回到我們底例子上來看，如果某甲比某乙多費了一些不收效果的時間，而眞正有了收獲，倒就好了！絲毫沒有這回事。只做六小時工作的某乙，經過一番恒定的常規的勞動之後，竟得到某甲必需多花費一些勞動才可以得到的一個結果。每個人都願意做某乙，這裏就發生一個競爭想佔據某乙底地位——爲懶惰而競爭。

好，看吧！勞動底相等份量底交換究竟帶了什麼東西來給我們？生產過度，沉滯（蕭條，不景氣），勞動過份，跟着就是失業；一句話，像我們在現存社會裏面看得到的那些經濟關係，勞動底競爭不算在內。

不，也許我們錯了；這裏還有一個辦法或者可以拯救這個新社會，某甲和某乙底社會吧。某甲可以自己消費那在交換中剩下來的六小時勞動底生產物吧。但從他因爲自己可以生產，所以不需要交換的那個瞬間開始，他就不必爲交換而生產了；並且建立在交換和分工上面的一個社會底整個假定就垮台了。交換底平等只有停止了交换才救濟得了：某甲和某乙只好走到魯濱孫底地位上去。

這樣子，就算社會底構成分子統統都是實在的工人，但同等數量的勞動時間底交換也只有在一個條件上面似乎有點可能，就是：在物質的生產上花費的時間底數目，要有大家一致的規定。但這樣一個大家一致的規定就排擠着個人的交換。

假如我們不拿生產物底分配而拿生產底行爲當作出發點，我們也達到這同一個結論。在大規模工業里面，某甲沒有自由來替自己確定自己底勞動時間，因爲某甲底勞動，如果沒有那集合在這工廠裏面的一切某甲和一切某乙底合作，就沒有什麼作用。從這裏就可以明白爲什麼英國底工廠主們那樣頑强地反對十小時法案。他們知道得非常充分：如果允許婦女和兒童減少勞動兩小時，結局一定會弄到也要允許成年男子同樣減少勞動時間。在大規模工業底本性裏面就隱藏着下面這個必要性，就是勞動時間必須對任何人都一樣（平等）。今天由資本和工人們底互相競爭來實現的東西，明天，倘人家廢除勞動和資本之間的關係，就變成以諸生產力底總數和現存需要底總數之間的關係爲基礎的一個實在的一致。

但是這樣一個一致就是個人交換底最後審判，於是我們又回到上面那個結論上來了。

在原則上，那裏沒有生產物底交換——但是，那裏有在生產中合作的勞動底交換。生產物底交換底方式依靠諸生產力底交換底方式來決定。一般地說，生產物底交換底形態適應着生產底形態。後者一變化，前者結局也會變化。這樣子，在社會底歷史中，我們看到生產物底交換底方式受着它們底生產底方式所節制。個人交換也適應着生產底一個確定的方式，這個方式本身適應着階級對抗。可見，沒有一個個人交換沒有階級對抗。

但是，可敬的良心竟拒絕察看這個明顯的事實。無論誰，只要他是一個資產者，他就只能在這個對抗底關係裏面看到和諧與永遠公平底一個關係，不容許任何人損人利己。在資產者底心目中，沒有階級對抗，個人交換也可以存在。他看來，這是兩件沒有什麽關係的東西。照資產者底想法，那末，個人交換就很不像個人交換，很不像眞正在實際中存在着的那種個人交換。

勃雷先生把那可敬的資產者底錯覺提煉成他自己願意實現的一個理想。在一個純粹化了的個人交換裏面，除掉了一切在個人交換中應當發見的對抗底諸因素，他以爲他找到了一個平等主義者的關係，他很願意看到社會一般地採用宅。

勃雷先生沒有想到這個平等主義者的關係，這個改善世道的理想，他很願意適用到世界上去的這個理想本身就不外是這個現實世界底反映；也沒有想到在社會底單單一個美麗的影子上面想改造社會是絕對不可能的事體。跟着這個影子一具備實體（形體），我們就認到這個實體恰正是社會底現在的形體，離開那被人夢想的變相很遠〔註〕。

〔註〕勃雷底理論和一切理論一樣找到了一些擁護者，這些人看了外表，誤了自己。勞動底公平交易所㊀曾在倫敦、歇菲爾、黎茲以及英國其他諸城市中設立過。這些交易所吸收了大批資本之後都在可恥的失敗中結束了。人家對它們的興趣也永遠過去了。小心一點，蒲魯東先生！（馬克思附）

大家知道蒲魯東沒有聽從這個警告。一八四九年，他親自計劃了一個新交換銀行㊁在

—104—

巴黎。這銀行沒有走上正軌就垮台了；對蒲魯東的一個法庭案件曾幫助記錄了這個銀行底瓦解。（恩格斯附於一八八五年德文版）

㊀ **交換銀行與交換底非營利市場**。第一個交換底非營利市場於一八三〇年組織在倫敦，屬於合作知識傳佈事業不列顛聯合會。這個非營利市場收過倫敦四十家企業以上的生產物，進行了物物交換。一八三二年當『爲勞動生產物底公平交換的國民非營利市場』初開張時，主要地得到英國手藝人諸圈子底支持，發生了更廣汎的嘗試。這個感動乃由烏托邦社會主義者歐文所引起，他本人就是伯明罕國民非營利市場底領袖。物主們把諸物品交給這非營利市場時即收到諸收據，即所謂『勞動貨幣』上面標明體現在諸物品里面的勞動時間，他拿到勞動貨幣去償付賬目。不久非營利市場虧本了，而且發行了的証券總額超過了貯藏着的貨物總額。到一八三四年，這非營利市場結局破產了。

㊁ 企圖供給無利息信用並改善交換制度。這銀行底基礎資本爲一千五百萬法郎，每股五法郎。這銀行雖有許多人支持，但不能開展業務，蒲魯東被捕受審後，業務就停頓了。

——英文版註

第三節　價值勻配規律之應用

a. 貨幣

金銀是諸商品，宅們底價值第一次達到了構成。（第一卷，第六十九頁。）這樣一來，金銀成了——由蒲魯東先生——構成的價值底最初的諸應用。並且因爲蒲魯東先生依靠那體現在諸生產物裏面的勞動量來確定諸生產物底價值，靠這樣子來構成諸生產物底價值，所以，他只不過想證明：因金銀底價值而生的諸變動經常可以在生產宅們的必要的勞動時間底諸變動裏面得到說明。蒲魯東先生沒有想到這事。他並不把金銀當作商品講，反而，他把金銀當作貨幣講。

假如他那裏還有什麼可以稱爲邏輯，他底全部邏輯就在下面那裏：把金銀可以當作貨幣用的特性推托給一切商品，商品有下述這個特性：可以在勞動時間裏面找到宅底價值尺度。沒有疑問，這種戲法表明幼稚比表明惡意更多些。

一個有用的生產物，一旦由那爲宅底生產所必要的勞動時間來估定後，就經常可以交換（在交換中可以接受）。金銀——蒲魯東先生大聲說——在那『能够交換』底隨心所欲的諸狀態裏面存在着的金銀便是證據。所以，金銀便是達到了它底構成底狀態的價值，是蒲魯東先生底觀念底體現。在他選擇例子的時候，再僥倖也沒有了。金銀除了有一個特性可以成爲像每個其他的商品一樣由勞動時間來估價的商品外，還有一個特性可以成爲一般的交換手段：貨幣。既把金銀隨便看作由勞動時間來『構成的價值』底一個應用，那末，要證明一切由勞動時間來構成了價值的商品會經常變成可以交換的東西，會變成貨幣，是再容易也沒有了。

有一個極簡單的疑問追問着蒲魯東先生底心靈：爲什麼金銀享有特權，可以成爲『構成的價值』底典型呢？

『習慣附加到貴金屬上面去的，可以當作交換底媒介來使用的，這個特殊的作用是純粹傳統的，每個其他的商品未嘗不可以實現這個作用，也許不大方便些，但一樣可靠：經濟學家們承認這事，而且人家引用了不止一個例子來說明它。那末，貴金屬得到這樣普遍公認的優先權，可以當作貨幣用，理由是什麼呢？並且怎樣說明這個在經濟學中沒有類例的貨幣底諸作用底這個特殊性呢？……貨幣好像脫離了原來的聯系，那末，究竟能够恢復這個聯系並且把貨幣重新引回到宅底眞正的原理那裏去嗎？』（第一卷，第六八與六九頁）

這樣表達問題，那末，蒲魯東先生就已經預先設定了貨幣。他實在應該向自己提出的第一個問題就應該是要研究一下：爲什麼人家在今天長得這樣的交易來往中，一定要創造出一個特殊的交換手段來使交換價値個別化起來？貨幣不是一個物件，而是一個社會關係。爲什麼貨幣底關係是一個生產關係，像每個其他的經濟關係，像分工等等一樣？倘蒲魯東先生眞能好好考慮這個關係，那末，他就不至於在貨幣中看到一個例外，從一個莫明其妙的或者剛剛應當重新設法尋找的聯系裏面脫離出來的一個環節。

他實在應該相反地發見：這個關係只不過是在經濟諸關係底整個鎖鏈裏面一個單獨的環節，並且常作這樣的關係最密切地和那整個鎖鏈結合着，並發見：這個關係完全同個人交換一樣適合着某一個確定的生產方式。他怎麼辦了呢？他首先把貨幣從今天的生產方式底聯系中硬拉出來，然後把宅（貨幣）弄成一個想像的、還應當尋找的一個聯系底第一個環節。

一旦一個特殊的交換手段，貨幣底必然性被認識以後，就只剩下，爲什麼這個特殊的作用不附加到其他任何商品上去，而偏偏落在金銀身上，這個問題需要說明而已。這是一個次要的問題，這個問題在生產關係底聯系裏面找不出宅底說明，反而在金銀底特殊的材料的本性裏面找得出說明來。倘若這時候，經濟學家們按照這個情形，像蒲魯東先生所責備的那樣，『離開他們底科學底領域，倘若他們涉獵了物理學、機械學、歷史等等』（第一版第六九頁），那末，他們不過做了不得不做的事體而已。這個問題已經不在政治經濟學底領域裏面。

『什麼東西在經濟學家們裏面誰也沒有認識或理解到呢？——蒲魯東先生說——就是經濟的理由，這決定了貴金屬所享受的優越性。』（第一卷第六九頁）

入家——確實有正當根據——不認識或不理解這個經濟的理由，蒲魯東先生却認識了、理解了並且傳給後代了。

『究竟什麼事體人家沒有注意到呢？就是：金銀是第一批商品，它們底價值得到了構成。在家長時代中，金銀還成塊地被買賣並交換着，但已具有明顯的傾向走到統治地位去並具有顯著起來的優越性。後來，君主們逐漸掌握了金銀，並在金銀上面刻了他們底印章：就因君主們奉爲神聖，才產生了貨幣，就是說，這種尊貴的商品，不在乎市場底一切動搖，保持一定的相稱的價值並使自己在支付中被人完全接受。……我再三聲明，金銀底比衆不同的地位，就因爲它們有金屬的本性，因爲生產底困難，尤其因爲國家權威底干涉，老早就當作商品取得了固定性和純正性。』

說金銀在一切商品中間是第一批商品，它們底價值得到了構成，就是依照前面所說來說：金銀是第一批商品，變成了貨幣。這是蒲魯東先生底偉大的啓發，這是在他以前沒有人發見過的眞理。

倘蒲魯東先生拿這些話來想說：金銀是這種商品，它們底生產所必要的勞動時間比一切其他商品底勞動時間都被知道得更早，那末，這話實在可能又是他隨時隨地，隨手隨意拿來奉送給讀者的那些假定之一。倘我們願意停頓在這樣家長式的博學上面，那末，我們實在應該對蒲魯東先生講：人家第一朝就老早知道了製造最必要的諸對象如鐵等等所必要的勞動時間。我們應當把亞丹斯密底古弓分贈給他。

但是，一個價値無論怎樣，從來沒有單獨地被構成過，蒲魯東先生究竟怎麼樣還能够說一個價値底構成呢？一個生產物底價値並不由那製造單單這個生產物所必要的勞動時間來構成，反而關係到一切其他凡在同一時間內可以生產出來的生產物底集羣。金銀底價値底構成所以已經預先設定了其他諸生產物底一個集羣底（價値底）完全構成。

可見，並不是商品在金銀中取得了『構成的價値』底身份，反而蒲魯東先生底『構成的價値』在金銀中取得了貨幣底身份。

現在再檢查那些經濟的諸理由吧。照蒲魯東先生底意思說，這些經濟的諸理由替金銀造成了優越條件，能比其他一切生產物都早被提昇爲貨幣，因爲金銀通過了它們底價値底構成。

那經濟的諸理由便是：『那走到統治地位上去的明顯的傾向』，那在『家長時代』中已經『顯著起來的優越性』，以及簡單的事例底另外一些轉彎摸角的敘述；這些敘述增加了困難，因爲蒲魯東先生想說明事實，重重疊疊增加了許多例子，因之，把事實弄成重重疊疊了。但是蒲魯東先生底所謂經濟的諸理由還滔滔不絕。抓出一個有至高無上，不可抵抗的力量的例子來看看。

『因君主們奉爲神聖乃發生了貨幣：君主們掌握了金銀，並在金銀上面刻了他們底印章。』（第一卷，第六九頁）

這樣子，君主們底任性任意就在政治經濟學裏面成爲最高的理由了！

其實，只有連一點點歷史知識都沒有的人，才不知道：所謂君主們就是無論什麼時候都不得不親自順從經濟諸關係走的那批人，他們向來沒有做到口授過法律（規律）給經濟諸關係。政治的立法也好，市民的立法也好，只宣告並記載經濟諸關係底意欲而已。

君主在金銀上蓋了自己底印章，把金銀做成了一般的交換手段就算眞正掌握了金銀嗎？難道這一般的諸交換手段沒有掌握了君主，强迫他把他底印章蓋在它們身上並授與一個政治的尊敬給它們嗎？

過去也好，現在也好，人家在金子身上蓋印，並不表明金子底價值，只表明它底重量：蒲魯東先生所說的固定性和純正性只牽涉到鑄幣底純成份而已；這個純成份＝成色（標名）指明在一個鑄成的貨幣裏面含有多少金屬。『一馬克銀子底惟一內在的價值——伏爾泰拿他著名健全的理解力來說——就是半鎊銀子有八盎斯重。只有重量和成色形成這個內在的價值。』（伏爾泰：『法律之體系』）但是一盎斯金子或銀子值多少呢？這個問題還剩着，沒有解決。就算『大柯爾倍』商店底毛織物印着『純毛』商標，但這個商標還沒有表明這個毛織物底價值。始終還得設法弄明白，這毛織物價值多少。『法國君主菲立潑第一世——蒲魯東先生說——以爲只有他獨佔了貨幣鑄造權，就能够也像獨佔了一種商品的任何一個商人那樣作爲，攙雜三分之一雜質到沙利曼大王底貨幣成色裏去。這位菲立潑和他底繼承人們大受攻擊的僞造貨幣其實是什麽一回事呢？從商業習慣底立場來講是很正當的，但從經濟學底立場來講是錯誤的想法；就是：因爲供求調整着價值，人家就靠一個人工造成的稀罕性，或者把製造權獨佔起來，這樣子可以抬高物品底估價以至價値，並且這同樣可以行用到金銀、糧食、酒、油、煙上去。但菲立潑底欺詐給人家推測到了，於是他底貨幣立即降低到正實的價値上去，並且同時也失掉了他信以爲可以拿來騙他底臣民的那個東西。以後一切同樣的嘗試遭了同樣的命運。』（第一卷，第七〇與七一頁）

首先，倘公侯想到假造貨幣，那末，就是他在假造中受損失，這個事實已證明了不知多少次了。他在初次發行中一度盈得的東西，當假幣以捐稅底形式重新倒流到他那裏去的時候，每次他都損失掉。

但是，菲立潑和他底繼承人們都多少知道防止這個損失；因爲他們把假幣一放到流通裏去，就馬上發命令要人家照原有成色普遍改鑄貨幣。

其次，假如菲立潑第一世眞像蒲魯東先生這樣想法，那末，菲立潑第一世該不會從『商業的觀點』說來想得好。菲立潑第一世也好，普魯東先生也好，倘他們自己以爲可以根據唯一的理由即商品底價值爲供求關係所决定，改變金子底價值像改變其他商品底價值一樣，那末，他們都表明毫無商人底本領。

假若國王菲立潑眞個下了一個命令說今後一升小麥應當叫作二升小麥，那他也許就會變成一個說謊家；他也許騙了一切放債人，以及應當收一担小麥的一切人們，他也許成了下述一事底原因，就是：本來這一切人們可以收一担小麥，現在只收五斗了。假定國王欠人一担小麥，那他只還五斗就行了。不過在交易裏面，一担小麥也不會比以前五斗小麥有更多價值。可見改變了名稱，並沒有改變實際。小麥底份量，不論宅是不是人家所供給的或所需求的，可不至於因簡單地改變了名稱，就會增加或減少。因爲儘管名稱受到改變，但供求關係仍舊是原來那個，糧食底價格也不受任何實際的變更。人家講起物品底供求的時候，並不談到物品底名稱底供求。菲立潑第一世並不像蒲魯東先生所說創造了金銀，他不過創造了鑄幣底標名。把你底法國製的毛織品當作印度貨交給人家好了，你只能騙過一兩個商人，但一旦欺騙給人家發覺了，那你底所謂印度毛織品就會跌到法國毛織品底價格上去。菲立潑第一世拿了一個假標籤給金銀，用這個手法，他只能够在人家沒有發覺這個欺騙的期間以內瞞得過人家。像每個店主一樣，他用商品底一個假造的標誌來欺騙買客：這可能繼續一個時期。早些晚些，他一定會經驗到商業規律底殘酷。蒲魯東先生願意證明這事嗎？不，照他底意思說，貨幣從君主那裏，並不從交易裏面取得它底價值。那末，他實際證明了什麼呢？就是交易比最高者（君主）更至高無上。君主下命令說：一個馬克將來應成爲兩個馬克，而交易則經常主張：這兩個馬克只有過去一個馬克那麼多價值。

但是憑這個，那末，那由勞動量來决定的價值底問題一步也沒有推進。現在又重新變成從前那個馬克的這兩個馬克究竟由生產費來决定或者由供求規律來决定，這個問題終究仍須解决。

蒲魯東先生繼續說：『也還應當好好考慮下面一事：假如在國王底權力範圍內，可以不假造貨幣，可以加倍貨幣底數量，那末，始終以勻配與平衡爲根據，

也許金銀底交換價值會跌成一半。』（第一卷，第七一頁）

就算蒲魯東先生和其他經濟學家們相同的這個見解是正確的，但這個見解替他們底供求學說講有利的話，決不對蒲魯東先生底勻配有利。因爲無論在份量加倍的金銀裏面體現了的勞動時間究竟是什麼也好，倘需求不變而供給加了倍，那末，金銀底價值始終會跌成一半。或者這個『勻配規律』唯獨這一次偶然破格，和那個非常受侮蔑的供求規律混在一起嗎？蒲魯東先生底正確的勻配在實際上有很大伸縮性，能有很多變化，配合和交錯，甚而至於只要一下子就可以和供求關係一致起來。

說『任何商品（任何時候）就算不在事實上，那末，至少在法律上是在交換中可以接受的』，這個主張，以金銀所表演的作用爲根據，其實認錯了這個作用。金銀只因爲在事實上可以交換，所以在法律上可以（隨時）交換；並且金銀在事實上是可以交換的，因爲現在的生產組織需要一個一般的交換手段。法律只是事實之公認。

— 117 —

我們已經看到下述一事：貨幣底這個例子作爲得到了構成的價值底表明被蒲魯東先生選擇了，只爲着可以偷運他底所謂交換可能性這一全部敎義，這就是說，想證明每個按生產費來估定的商品都應當取得貨幣底身份。如果沒有下面這一個小小的不方便，那末，一切都該是盡善盡美：金銀有獨特性可以作爲鑄幣（作爲價值標記），在這個特性裏面金銀在一切商品中間，恰恰是唯一的諸商品，不由生產費來決定（其價值），並且這一說是非常正確的，甚而至於金銀在流通中可以用紙幣來代替。只要在流通底諸要求和被發出的貨幣（不管是紙幣、金幣、白金幣或銅幣）底數量之間有一個一定的比率被遵守着，那末問題就不在於是否應當遵守貨幣底內在價值（生產費）和名目價值之間的比率。沒有疑問，在國際貿易中貨幣像任何其他商品一樣，由勞動時間來決定（其價值）。但金銀在國際貿易中也是交換手段，但當作生產物，不當作鑄幣用。換句話說，金銀失去了『固定性和純正性』、『至高無上的神聖』等等底特色，而蒲魯東先生却把那些東西當作金銀本有的特色。李嘉圖很好地理解了這個眞理，因之，儘管他把他底整個體系建築在由勞動時間來決定的價值上面並說明：『金銀像任何其他商品一樣只有和那把宅們生產出來並拿到市場上去所必要的勞動量比較，（只有在這個關係中）才具有價值』，——但他決不忘記添說一段，就是：貨幣底價值並不由那在宅底物材裏面固定下來的勞動時間來決定，而由供求規律來決定。『儘管紙幣沒有任何內在的價值，但若限定宅底數量，那末，宅底交換價值就像鑄幣或鑄幣底成色底同等名目一樣大。根據這同一原理即限定宅底數量，那末，一個成色低的鑄幣倘宅底重量和成份是法定的重量和成份，就可以按照宅應當含有的價值，不須按照宅實際含有的金屬底份量底價值來流通。所以，在英國幣制史中我們看到：流通貨幣（硬幣）決不會跟着宅底成色降低底程度照樣跌價；其理由就是：宅決不跟着宅底內在價值減少而在數量上增加』。（李嘉圖：『政治經濟學原理』，第三版，第二一三與二一四頁）

賽伊就在李嘉圖底這段文章上附加了他底意見：

『這個例子，我覺得，應該足够使作者相信：任何價值底基礎不是一個商品底生產所必要的勞動量，而是人家對此商品而感覺的需要，拿該商品底稀罕性來較量的需要。』

貨幣對李嘉圖已經不是一個由勞動時間來決定的價值，因此賽伊就拿貨幣做例子，想教李嘉圖相信其他諸價值也同樣不能由勞動時間來決定，——於是賽伊拿來當作一個完全由供求來決定的價值底例子用的這個貨幣，對蒲魯東先生，就成了那由勞動時間來構成的價值底應用底再好沒有的例子。

總而言之：倘貨幣是不由勞動時間來構成的價值，那末貨幣更遠不能有什麼東西和普魯東先生底正確的『勻配』相同。

金銀是經常可以交換的，因爲它們有特殊的作用，可以當作一般的交換手段用，決不因爲它們在一個和貨物底總數配勻的數量裏面現存着；或者，得更講充分些，它們金銀是經常勻配的，因爲它們在一切商品中間唯獨當作貨幣，當作一般的交換手段用，不在乎它們底數量和貨物底總數究竟有什麼比率。『在流通裏面的貨幣不可能現存得足夠豐富到氾濫出來；因爲如果減少它底價值，你就得跟着

增加宅底數量，如果增加宅底價值，就得減少宅底數量。』（李嘉圖，二一三頁）

『政治經濟學是何等的麻煩！』蒲魯東先生叫出聲來。（第一卷，第七二頁）

『可惡的黃金！』一個共產主義者（通過蒲魯東先生底口）叫得怪妙。同樣可以說：可惡的小麥！可惡的葡萄！可惡的綿羊！『因爲每個商業價值都必須像金銀一樣得到精確得叫痛的固定。』（第一卷，第七三頁）

想把綿羊和葡萄造成貨幣底特性，這種思想並不算新鮮。在法國這個思想歸屬給魯易第十四世底那個世紀。在這個時代當貨幣開始發揮宅底萬能的這個時代，人家訴說一切其他商品底跌價，並熱心呼喚那個時期到來，那時每個『商業價值』據說可以得到精確得叫痛的固定，據說可以變成貨幣。在法國底最老的經濟學家們之一，波亞奇倍底著作中我們就已經發見下列一段文章：『那時，貨幣因有無數競爭者，即重新被安放在宅們底正當的價值裏面的諸商品出現，又被推回到宅底自然的界限裏面去。』（『十八世紀底財政經濟學家們』四二二頁）可見：資產階級底最初的諸幻想也是他們底最後的諸幻想。

b. 勞動底盈餘

『在政治經濟學的諸著述中，我們看到下述無聊的假設：倘一切物品底價格加了倍……好像一切物品底價格不是這些物品底比率(關係)，好像人家可以把一個勻配，一個關係(比率)，一個規律弄成兩倍一樣！』(蒲魯東，第一卷，八一頁)

經濟學家們自己陷落在這個迷妄裏面，因爲他們不懂得正確應用『均勻配合底規律』和『構成的價值』。

不幸，在蒲魯東先生本身底著作裏面(第一卷，第一一〇頁)，也看得到這種無聊的假設：『倘工錢一般地上昇，那末，一切物品底價格會上昇』。倘人家在政治經濟學的諸著述中看到那類的句子，同時，他也無數次看到就在那個地方還有宅底說明。『倘人家說：一切物品底價格漲或跌，那時人家經常除開這一個或另一個商品：這被除開的商品通常是貨幣或勞動。』(『知識大辭典或中央百科全書』第四卷，西尼奧亞底論文：『政治經濟學』，倫敦，一八三六年。關於這

個表現也參照密爾：『論政治經濟學底某些未决的問題』，倫敦，一八四四年及杜克：『價格史』，倫敦，一八三八年等等）

現在走到『構成的價値』和其他種均勻配合——其唯一缺點就是不大均勻配合——底第二種應用那裏去，並且仔細看看蒲魯東先生在這裏比他在改變綿羊爲貨幣那個工作中是否更幸福些？

『有一個爲經濟學家們一致承認的公理說：任何勞動一定產生一個盈餘。這個命題對我是普遍絕對眞實的：這命題是均勻配合規律底補充，這均勻配合規律可以當作一切經濟科學底總結看。但請經濟學家們原諒：任何勞動一定產生一個盈餘，這個原理在他們底理論裏面沒有意義，也沒有法子證明。』（蒲魯東，第一版，第七三頁）

爲了證明任何勞動一定產生一個盈餘，蒲魯東先生把社會人格化起來，他把社會造成一個社會=人格，一個社會决不是許多個人們（人格們）底社會，因爲社會有它底特殊的諸規律，這些和那結成社會的個人們沒有共同之處；社會有它

『自己的悟性』，這不是普通人底悟性，而是這樣一個悟性，宅沒有一般的人底悟性。蒲魯東先生責備經濟學家們沒有了解這個集體組織底人格性。但只要把一個美國經濟學家底下列一段文章放在他對面對照一番，已使我們滿足，這位經濟學家在相反的方面責備其他的經濟學家們：『所謂社會不過是精神的全一者，是文法上的存在，在這些東西上面添加了許多特性，這些只在那些用一句話來製造一件事體的人們底想像裏面存在着而已。……這些東西引起政治經濟學底困難和値得非難的錯誤太多了。』（Th．柯伯：『幾個講演關於政治經濟學底諸要素』哥侖比亞，一八二六年）

『勞動底盈餘這個原理——蒲魯東先生繼續說——只在涉及個人們的時候才有效，因這原理是從社會裏面發生出來的。社會把宅自己的規律底恩惠施與個人們。』（第一卷，第七五頁）

這樣子蒲魯東先生簡直想說，在社會裏面的個人底生產比孤獨的個人底生產更好嗎？他想說已經組織起來的個人們底生產底盈餘超過沒有組織起來的個人們底生產底盈餘嗎？倘若這樣，那末，我們可以引用百來個經濟學家們，無須蒲魯東先生借來藏身的整個神秘主義，就說出了這個簡單眞理來給他看。例如，薩特勒先生這樣說：

『集體的勞動產生出個人勞動決不能產生的結果來。這樣子，跟着人類增加其數目，集體勞動底生產物將遠遠超過那根據已經增加起來的人類總數一個又一個簡單地加算起來所得的總額。……在機械的工業中和在科學的領域中一樣，今天每一個人在一天裏面能够做出比一個孤獨的個人終生終世所做的工作更多。數學的公理所謂全體和各部分底總和相等，倘應用到我們底對象上來就會錯。講到勞動即人類的生存底大柱子，可以說，集體的種種努力底生產物遠遠超過個人們底孤獨的種種辛苦曾能够生產出來的一切。』（薩特勒：『人口底規律』，倫敦，一八三〇年）

回到蒲魯東先生這裏來。勞動底盈餘——他說——在人格即社會裏面找得到說明。這個人格底生活活動按照特殊的諸規律來指導自己，這些規律，違反着那些規律，它們規定着人作爲個人底活動；他想拿『事實』來證明這事。

『一個新的經濟的辦法之發見決不提供給發見者一個和他貢獻給社會的利益相等的利益。……人家已經知道；鐵路企業對企業家不如對國家那樣成爲一個利源。……用大車運貨，從收貨到交貨，每噸每公里花費一角八分（十八個生丁）。有人算過：照這個比率，一個普通的鐵路企業不會得到百分之十的純利，這一個結果差不多等於公路運輸企業底結果。但假設鐵路運輸速度和公路運輸底速度相比是四與一之比。因爲在社會裏面，時間就是價值本身，鐵路可以提供比公路運輸大百分之四百的利益，而雙方運價差不多相等。這莫大的利益，對社會非常現實，但對運輸企業家就並不一模一樣現實出來，運輸企業家奉送了一個莫大的價值有百分之四百之多給社會，但爲了自己底收益得不到百分之十。爲了把事體弄得更加尖銳易懂些，我們假設在事實上鐵路抬高運價到二角五分，而公路運輸底運價仍舊是一角八分，那末，鐵路就會失掉一切運貨底生意。寄貨人、收貨人萬不得已的話誰都要回到原始的大車運輸上去。火車頭將被拋棄。百分之四百的一個社會的利益將因百分之三十五的一個私人損失而被犧牲。對這件事體的理由是容易抓到的：從鐵路底速度上發生的利益是完全社會的，並且每一個人從這個利益裏面只拿得到最小的一部分（不要忘記目前我們只談貨物運送），但只有消費者直接親身受損失。倘一個社會只有一百萬人，那末，一個社會的利益等於四百，對個人只代表一萬分之四，但對消費者一個百分之三十三的損失却預定着三千三百萬社會的虧損。』（蒲魯東，第一卷，第七五與七六頁）

蒲魯東先生把一個四倍大的速度表現成原來的速度底百分之四百，這可以不加追究；但是他居然把速度底百分比和利潤底百分比結合起來並且想在兩種東西中間建立一個關係，這兩樣事體可以各歸各地用百分比來計算，但無論如何一方面和另外一方面不能通算，若仍要建立關係，這就等於把兩樣事體本身去掉不指明什麼事體而在兩個百分比中間建立一個關係。

百分比終究是百分比。百分之十和百分之四百可以通算，它們互相對比起來就像十比四百一樣；因此，蒲魯東先生就斷定百分之十的一個利潤就比一個四倍大的速度小四十倍。爲了做得像樣他說，時間對社會是金銀。他漠漠然想起在時間和勞動時間中間有一個關係，並且，他急急忙忙把勞動時間和運輸底時間混同起來，換句話說，他把火夫、司機和另外一些人——他們底勞動時間就是運輸底時間——和整個社會混同了。於是，速度就一下子變成資本，並且，照此辦法，他就有充分的權利說：『百分之四百的一個利益被百分之三十五的一個損失所犧牲』。當他扮作數學家來設立了這個奇怪的命題之後，他又扮作經濟學家來說明這個命題給我們聽。

『倘一個社會只有一百萬人，那末，一個社會的利益等於四百，對個人只表明一萬分之四，但對消費者一個百分之三十三的損失，却預定着——三千三百萬社會的虧損』。同意，但是問題不在於四百，而在於百分之四百；並且——百分之四百的一個利益，對個人，代表着百分之四百，不更多也不更少。不管（股東有多少資本），紅利總按照（例如）百分之四百這個比率來計算。蒲魯東先生究竟怎麽辦？他把百分比當作資本，並且好像他深怕他底混亂不够『尖銳』不够明白，所以他繼續說：

『對消費者一個百分之三十三的損失却預定着——三千三百萬社會的虧損』。對一個消費者是百分之三十三的損失，對一百萬個消費者仍舊是百分之三十三的損失。蒲魯東先生既不知道社會的資本，又不知道單單一個利益參加者底資本，怎麼能够因此合理地說：百分之三十三的一個損失足以引起社會的虧損到三千三百萬之多呢？把資本和百分比混爲一談，還不能使蒲魯東先生滿意，他還更進一步，把那投放到一個企業中去的資本和利益參加者底數目混爲一談。

『爲了把事體弄得更尖銳易懂些，我們假設在事實上』一個資本。（假設有）一個社會的利潤有百分之四百，分配給一百萬個利益參加者，他們每人都拿一塊錢來參加了利益，那末，每人可得利潤四塊錢，不是蒲魯東先生所主張的〇·〇〇〇四（一萬分之四）。同樣百分之三十三的一個損失對每個參加者代表着三十三萬塊錢的一個社會的虧損不是三千三百萬（100：33＝1000000：330000）。

普魯東先生被他底所謂社會＝人格理論所預先佔領，忘記了應當用一百來除。照樣除了，他就達到三十三萬塊錢的一個損失，但每人既可得四塊錢利潤，那末，社會就可得四百萬塊錢利潤。去掉三十三萬塊錢損失還剩下三百六十七萬塊錢純利益給社會。這個正確的計算證明恰恰和蒲魯東先生企圖證明的事體相反，就是說：社會的利益和損失決不會對個人的利益和損失成爲反比例（相反的關係）。

這樣糾正了這個簡單的計算錯誤之後，再仔細看看：假若我們承認蒲魯東先生在鐵路底例子裏面所得出的速度與資本之間的關係，那末，除去計算上的錯誤，我們將得到什麼一些結果？假若，一種運輸加快了四倍，運費也增加四倍；那末，這種運輸不見得會產生出一個比那種速度慢四倍，運費只要四分之一的大車運輸更少的利潤來。這樣看來，倘大車運輸收一角八分運費，那末，鐵路運輸該可以收七角二分運費。按照『數學底嚴密性』來說，這就該是蒲魯東先生底假設底結果——當然他在計算中所犯錯誤始終不能算數。但是他在這裏突然告訴我們說，鐵路並沒有收七角二分運費，只不過收二角五分運費。就會立刻失掉一切運貨生意。確實，我們將不得不退回到原始的大車運輸上去。不過，假設我們有什麽忠告要送給蒲魯東先生，那就是在他底進步的社會底計劃裏面不要忘記用一百來除。但是可嘆，我們底忠告很難期望得到傾聽，因爲蒲魯東先生那樣歡喜他底『進步的』計算，符合於所謂『進步的社會』，因而他大聲疾呼地說：『我已經在第二章裏面論到價值底矛盾底解決時指明：任何有用的發見底利益對發見者比對社會要少得不可比擬，不管發見者怎麽辦；關於這點，我已經把證明引導到數學的嚴密性。……』

回到所謂社會＝人格那個虛擬那裏去吧，這個虛擬沒有其他目的，只想證明下面這個簡單的事實，就是說：一個新發明容許用原來的勞動量造成更大量的商品，這個新發見要使生產物底市場價格降低。那時，社會得到一個利益，並非因爲它得到更多的交換價值，反而，因爲它憑原有的價值得到更多的商品。至於發明家怎麽樣呢？對發明家有競爭發生下述作用：他底利潤會繼續不斷降低到諸利潤底一般水準。蒲魯東先生把這個命題，照他所希望那樣，證明了沒有呢？沒有。但這事不妨礙他責備經濟學家們沒有得到這個證明。爲了證明相反的事體給他看，我們只引用兩個人，李嘉圖和勞竇待爾；李嘉圖是照勞動時間來規定價值的這個學派底首領，勞竇待爾是堅决擁護用供求來規定價值的一個人。雙方都提出了同一個命題。

『因生產底方便不斷增加，我們就不斷減少以前生產出來的某些商品底價值，當然我們用這個辦法還不僅增加國民的財富，而且還增加可以爲將來而生產的可能性。……一旦利用機器設備或自然科學底知識，你命令自然的種種力量做起以前由人來做的工作來，這種工作底交換價值就會跟着降低。倘至今要十個人推一個磨來磨麥，現在發見利用風或水底幫助，這十個人底勞動可以節省下來，那末，麵粉即一部分由磨坊所進行的工作底生產物會立即跌價，照那節省下來的勞動底份量爲比例降低價值；並且社會將更加豐富，因節省下來的十個人底勞動能夠另外生產出一些商品來，而劃歸他們維持生活的資源一點也並不減少。』（李嘉圖，第一六六和一七二頁）

然後看勞賨待爾怎麼說：

『資本底利潤經常從下述情形中發生，就是：資本親自起來担任人類不得不親自動手做的一部分勞動，換句話說，就是：資本做了人類親自不能實行的一部分勞動，超過人類底親身的努力。機器設備底所有者們要求着很小的利潤，如果和機器所代替的勞動底報酬比較一下，也許會引起人家懷疑這個意見底正確性。例如有些火力引擎一天從煤坑中吸引比三百個人底兩肩，借水桶底幫助能够搬走的水還多；而且，無疑問地一架火力引擎做它底勞動，只要很少的花費(代價)，比它所代替的勞動底報酬要少得多。其實一切機器設備都是這個情形。一切機器一定執行前人所做的勞動，其代價則比人自己動手做還便宜。……假設有人發明一架機器，它用一個人底勞動就做出一個平常要花費四個人底勞動才做得出來的工作，對這樣一個發明，給它一個這樣的特權，把這樣排他的特權拿在手裏就防止得了任何競爭來做這個工作，但防不了從那四個工人底勞動中發生的那種競爭，這樣一來就很明白：這些工人底報酬在特權底整個繼續期間會成爲這個發明家替他底生產物所規定的價格底標準，換句話說：爲了保全定貨起見，他要價錢不得不要得比付給那被他底機器所代替的勞動的那筆報酬還要便宜些。但當這個特權一到滿期無效，同一種類底其他許多機器就出來和他底機器競爭，於是他底要求就只得依照一切其他商品都遵守的那個原則，依照機器底日益增加來決定。……在對外貿易中使用的資本底利潤，儘管因爲資本代替了勞動才發生這利潤出來也好，結局不由資本所代替的勞動底價值，而像其他一切情形一樣，由資本所有者們底競爭來決定，並且利潤之大小乃由投到某一用途上去的資本底數量和對資本的需要之間的比率來決定。』（『公共財富底性質與來源之研究』，愛丁堡，一八〇四年，第一一九、一二三、一二四、一二五和一三四頁）

結局，只要新的工業比其他工業供給更大的利潤。資本就會投到這門新工業裏去，直到利潤率落到一般的水準爲止。

我們已經看到鐵路底例子沒有辦法投射多少光明到社會＝人格底虛擬上去。

儘管這樣，蒲魯東先生卻大胆地繼續說他底話：『一旦把這一點說明白了，那

末，要說明爲什麽勞動一定留一個盈餘給每一個生產者這個問題。也再容易沒有了。』（第一卷，第七七頁）

再往下去，就是古典時代底事體。那是一個稍有詩味的故事，有下述一個目的，想使讀者恢復疲勞，大約前面那些數學的證明底嚴密性引起了讀者底緊張。蒲魯東先生把普羅默修斯這個名字拿給社會＝人格，並頌揚他底崇高事業如下：

『開始普羅默修斯醒來，從自然底懷抱中出來生活在五光十色的無活動裏面等等。普羅默修斯走向工作，並且從第一天——第二次創造底第一天——起，普羅默修斯底生產物，就是他底財富，他底幸福就等於十。到第二天普羅默修斯分割了他底勞動，於是他底生產物就等於一百。到第三天以及往後幾天，普羅默修斯發明了機器，在身體中發見了新的特性，在自然中發見了新的力量。他底工業活動底每一進步提高了他的生產底數字，向他表明幸福底一個增加。並且因爲消費對他結局是生產，那末，每天底消費不過用掉了前一天底生產物，還替第二天留下一個生產底盈餘。』（第一卷，第七七與七八頁）

蒲魯東先生底這個普羅默修斯是一個古怪的聖人，無論在邏輯上或在經濟學上都薄弱不堪。倘普羅默修斯只告訴我們說：分工，機器之使用，開發自然力和技術科學底促進等等可以增加生產力並且比孤立的勞動不同，可以得到一個盈餘，那末，這位新式普羅默修斯不幸未免出世得太晚了。但當他開始談到生產和消費來時，他就實在變成怪物了。消費對他就是生產；他第二天消費前一天生產出來的東西，這樣子他始終預先多有一天，這預先多有的一天就是他底『勞動盈餘』。但是假如他第二天消費他前一天他所生產的東西，那末，那最初第一天，這以前當然連半天也不會有，他一定做了兩天工作，以便從此以後預先多有一天。最初第一天既沒有分工，又沒有機器設備，除了火之外又沒有物質力量底知識，怎麼樣已經得到了那個盈餘呢？這樣子，這個問題就因爲結局被推回到『第二次創造底第一天』去，所以一步也前進不了。這樣子說明一件事體就等於同時摸索希臘文和希伯來文，又神秘同時又富有比喻，這個說明法容許蒲魯東先生無條件地宣佈：『我已經在理論上並根據事實證明了下述原理，就是：一切勞動一定有一個盈餘。』

所謂『事實』就是那有名的進步的計算；所謂理論就是普羅默修斯底神話。

『但是——蒲魯東先生繼續說——這個原理，雖像數學命題一樣確實，但到每一個人都能實現的地步，還隔得很遠。跟着集體勞動底進步，每天底個人勞動生產着越弄越大的生產物，並且因之，其必然的結果，就是工人拿同樣的工錢應當一天比一天富足起來，其實，在社會裏面存在着某些階級豐富着自己和另外一些階級零落着。』（第一卷，第七九與八〇頁）

一七七〇年大不列顛聯合王國底人口曾是一千五百萬，生產的人口曾是三百萬。科學的生產力等於差不多一千二百萬人那麼多。因此，總共有一千五百萬生產力。這樣子生產力和人口相比是一比一；而科學的力量和勞動的人力相比是四比一。

一八四〇年人口不超過三千萬：生產的人口曾是六百萬。但科學的力量達到了六萬五千萬，和總人口相比是二一比一，和勞動的人力相比是一〇八比一。

在英國人的社會裏面，勞動日在七十年中間竟得到了百分之二千七百盈餘底生產性；換句話說一八四〇年生產了比一七七〇年多二十七倍。照蒲魯東先生底意思，那就該提出下面這個問題：爲什麽一八四〇年英國工人不比一七七〇年的工人更豐富二十七倍呢？提起這樣一個問題，那末，人家當然很可能設想英國居然生產了這個財富，不須那生產這個財富的歷史條件，如資本底原始積累，近代的分工，機器裝備，無政府的競爭，工錢制度——一句話，什麽都建立在階級對立上面。現在這些條件確實對生產力和盈餘的勞動底發達會是必要的存在條件。所以，若要得到生產力和盈餘的勞動底這個發達，就沒有辦法沒有某些階級豐富着自己和另外一些階級零落着。

那末，究竟這個由蒲魯東先生呼喚起來的普羅默修斯是什麽東西呢？那是社會，在階級對立上面建立基礎的社會諸關係。這些關係不是個人和個人底關係，而是工人和資本家，佃農和地主底關係等等。抹殺了這些關係，你就取消了整個社會；你底普羅默修斯只不過是一個幻影，沒有手脚，沒有機器裝備，沒有分工；一句話，他仍舊沒有一切，本來你已經拿給他，使他得到這種勞動盈餘的那些東西。

假如只要在理論上，像蒲魯東先生一樣，用平均主義的意義來解釋勞動盈餘底公式，不顧慮生產底現在的條件，就滿足了，那末，在實踐上，不須任何改變今天的生產諸條件，只要在工人們中間，平均分配現在所得到的一切財富，也一定會滿足。這樣一種分配一定不會保證每個利益參加者得到一個高度的舒服。

但蒲魯東先生並不像人家萬一想像到那樣悲觀。因爲均匀配合對他是一切，所以，不論好歹，他只得在這裝備齊全的普羅默修斯即今天的社會裏面，想望他寵愛的觀念開始來一個實現。

『但無論到那裏去也好，財富底進步，就是價值底均勻配合，總是統治的規律；並且倘經濟學家們頑强主張公共財富底日益生長並主張即令最不幸的諸階級底條件已有改善等等來反對社會黨底申訴，那末，他們親自不知不覺地暴露了一

個眞理。宣告着他們底理論之判罪。』（第一卷，第八〇頁）

究竟什麼是集體的財富，公共的福祉呢？就是資產階級底財富，——並不是各別地各個資產者底財富。現在好了；經濟學家們並沒有做什麼，只不過證明在生產底現存諸關係裏面，資產階級底財富怎樣生長起來而且一定還會生長下去。講到勞動諸階級底情形，那末，因所謂公共財富增加底結果所謂他們底條件已有改善，這一說始終是一個非常引起爭論的問題。經濟學家們爲了支持他們底樂觀主義，舉出英國受雇於棉花工業的工人們來做例子，但他們只不過在商業繁榮底短促期間中看了工人們底條件。繁榮底這些期間和危機與停滯底期間比較起來就有三比十這樣一個『眞正的均勻配合』。但是，當經濟學家們講到改善的時候，他們未必想不到那幾百萬在印度不得不滅亡的工人們，爲了把十年之中只有三年而已的繁榮拿給英國在同樣工業部門裏面勞動的一百五十萬工人。

講到所謂臨時分享國民財富底生長，那是另外一回事。臨時分享底事實在經濟學家們底理論裏面有說明。這決不像蒲魯東先生所說那樣，是他們底理論底

—140—

『判罪』，而是理論底加强。倘有什麽東西需要『判罪』，那準是蒲魯東先生底體系，這個體系像我們已經指出那樣，會把工人，不管財富底增加，仍舊推回到最低工錢上去。只有把工人推回到最低工錢上去，然後，他才有辦法應用得了價值底正確的均匀配合，由勞動時間來『構成的價值』底正確的均匀配合。正因爲工錢在競爭底作用下面動搖着，有時比那維持工人生活所必要的生活資料底價格高些，有時低些，因此，這個工人有時可以分享社會財富底發展，也同樣可以在貧困下面滅亡。這就是經濟學家們底整個理論他們對這個學問底對象沒有抱幻想。

在他長期神魂不定地浮浪在鐵路上，在普羅默修斯上，在應當重新構成在『構成的價值』上面的新社會上之後，他把自己本身恢復起來，裝出敎父底腔調，大聲說道：

『我懇求經濟學家們，望一望他們底心靈深處，離開那些迷惑他們的那些成見，不要顧慮他們既得或希望的職位，不要顧慮他們所貢獻的利益，不要顧慮他們想得到的聲譽，不要顧慮他們底虛榮所醉心的榮耀，向自己問一下，答一下，究竟任何勞動一定留下一個盈餘這個原理，至今，曾以我們所揭發的，諸約定和諸結果底這個必然連鎖來在他們面前表現過沒有？』（第一卷，第八〇頁）

第二章　政治經濟學底形而上學

第一節　方法

現在我們恰正到了德國底中心！我們一頭要搞政治經濟學，一頭又要搞形而上學。並且就在這裏也只好仍舊追究蒲魯東先生底『矛盾』。剛才他强迫我們講英國話，要我們親自變成活像一個英國人。現在場面變了。蒲魯東先生把我們放在我們底可愛的祖國裏面，强迫我們勉强用我們底特性當作德國人來重新上場一次。

假如有一個英國人把人變成帽子，那末，有一個德國人却把帽子變成觀念。這個英國人是李嘉圖，有錢的銀行家，著名的經濟學家。這個德國人是黑格爾，柏林大學底單單一個哲學教授。

路易第十五世，就是那最後一個絕對君主和法蘭西王統底沒落底代表，有一個隨身醫生，是法國第一個經濟學家。這位醫生兼經濟學家代表着法國資產階級底快來的確實的勝利。這位蓋內醫生把政治經濟學弄成了科學；他把政治經濟學總括在他那有名的經濟表裏面。除開至今關於經濟表出現過一千零一個註解之外，我們還有一個蓋內自己的註解。這就是那個『經濟表底分析』附有『七個重要的考察』。

蒲魯東先生是第二個蓋內醫生。他是政治經濟學底形而上學底蓋內。

照黑格爾底意思說，形而上學——實在就是全部哲學——歸根到底可以總括在方法裏面。所以我們不得不打算弄明白蒲魯東先生底至少像經濟表一樣很模糊的方法。所以我們也附上七個或多或少重要的考察。

假如蒲魯東醫生不滿意我們底考察，那他儘可以像僧院長波多那樣自己拿出『經濟形而上學的方法底說明』來。

第一個考察

『我們拿不出一個按照時間秩序的歷史來，但拿得出一個按照觀念順序的歷史來。經濟的諸階段或諸範疇，當它們出現時，有時是同時的，有時是顚倒的。……經濟的諸理論未嘗沒有它們底邏輯的順序和在理性裏面的它們底連節；我們發見了這個秩序而引以爲豪。』（蒲魯東，第一卷，第一四六頁）

蒲魯東先生簡直有點想使法國人嚇一跳，他把半三不四的黑格爾式的語句望法國人頭上抛過去。所以我們要和兩個人周旋：首先和蒲魯東先生，然後和黑格爾。在那點上，蒲魯東先生比其他經濟學家們高出一頭？以及黑格爾在蒲魯東先生底政治經濟學裏面起了什麼作用？

經濟學家們把資產階級的生產底諸關係，分工、信用、貨幣等等說成固定不變的永遠的範疇。把這些既成的範疇放在自己面前，蒲魯東先生想把這些範疇，原理、規律、觀念、思想說明給我們聽。

經濟學家們告訴我們說，人家怎樣在上述既成的諸關係下面生產着，但沒有告訴我們說，這些關係本身怎樣被生產出來，就是說，他們沒有把那產生這些關係的歷史運動告訴我們。蒲魯東先生，把這些關係當作諸原理、諸範疇、抽象的諸思想看，只需要把這些思想排成一定的次序好了，這種次序在政治經濟學的每個著作末尾早已按照ａｂｃ字母底順序排好着。經濟學家們底材料是人類底運動過的並且正在運動着的生活；蒲魯東先生底材料是經濟學家們底敎條。但一旦人家不再追求生產底諸關係底歷史的發展——而範疇只是生產底諸關係底理論的表現——；一旦人家在這些範疇裏面只看見那憑自己就發生的諸觀念，只看見脫離現實諸關係的諸思想時，人家就不得不把這些思想底起源歸因於純粹理性底運動。這個純粹的、永遠的、非個人的理性怎樣生產這些思想呢？這個理性用什麼辦法來生產這些思想呢？

假如我們在黑格爾主義底問題上有了蒲魯東先生底大胆，我們就會說：理性親自在自己本身裏面從自己本身中區別出來。這話是什麼意思呢？因爲非個人的理性既沒有基地可以把自己措置在那上面，又沒有客體（對象）可以把自己措置在宅對面，又沒有主體可以把自己和宅一同位置，所以宅不得不頭足倒置，自己措置自己，自己措置在自己對面，自己和自己一同措置，這就是措置，相反措置，一同措置。用希臘話來講：正、反、合。對那些不懂黑格爾底語言的人們，我們把這神聖的公式照下面那樣說：肯定、否定、否定底否定。這就是這個語言底意思。這的確不是希伯來語言，請蒲魯東先生原諒；但這是這個純粹的、脫離了個人的、理性底語言。這裏沒有平常的個人和他平常說話、思想底方式，僅僅只有這個平常的方式本身——沒有了個人。

任何事物在最後的抽象裏面，——因問題是抽象，不是分析，——自己表現成一個邏輯的範疇，這值得大驚小怪嗎？假如人家一點又一點去掉那造成一間房屋底個別性的一切，首先捨去這間房屋得以造成的建築材料，捨去這間房屋得以露面的形式，那結局只有一塊物體站在面前而已——假如人家捨去這塊物體底界限，那就只剩一個空間——假如最後人家連這個空間底寬窄都捨掉了，那末，除了一個純量即邏輯的範疇之外絕對沒有什麼剩下來了，這值得大驚小怪嗎？假如我們照這個樣子，從無論那一個主體上面連人帶物捨去一切宅底有生的或無生的所謂偶然者，那末，我們就有一個權利來說：在最後的抽象中只還有邏輯的範疇作爲實體保留得住。這樣子，形而上學家們，自己以爲用這種種抽象作用來進行着分析，並且以爲自己離開諸對象越遠，越加覺得貫通着諸對象，這些形而上學家們，從他們自己出發，有權利說：下界底一切東西不過是由邏輯的諸範疇來造成的一張刺繡而已。這就是哲學家和基督敎徒不同的地方。基督敎徒只知道上帝底道理（Logos）之變成肉體或化身，不在乎邏輯；哲學家決不會因上帝底道理之化身變成肉體就罷休。一切現存的東西，一切生活在地上在水中的東西都可以經過抽象作用被引回到一個邏輯的範疇上去，這樣子，人家可以把整個現實的世界淹沒在諸抽象作用底世界，邏輯的範疇底世界裏面，這有什麼稀奇呢？

一切現存的東西，一切生活在地上在水中的東西，只有憑藉某種運動才現存着，生活着。同樣，歷史底運動生產出社會的諸關係，工業的運動拿出工業的生產物來給我們。

正像我們經過抽象作用把每一個東西改變成一個邏輯的範疇一樣，若要達到那在抽象的狀態裏面的運動，達到純形式的運動，達到運動底純邏輯的公式，只要把種種不同的諸運動底每一個可以區別的特性去掉就行。假如人家在邏輯的諸範疇裏面才找得到一切東西底實質，那末同樣人家會設想，可以在運動底邏輯的公式裏面，找到絕對的方法，它不僅說明一切東西，而且也包括這一切東西底運動。

就關於這絕對的方法，黑格爾說：『方法是絕對的、唯一的、最高的、無限的力量，沒有什麼東西可以抵擋它。方法是理性底趨勢，想在每一個東西裏面，重新找到自己本身，重新認識自己本身。』（『大邏輯』，第三卷）

假設每一個東西都歸源到一個邏輯的範疇上去，每一個運動，每一個生產底動作都歸源到方法上去，那末，從這個假設中就發生下面一個結論：生產物和生產，事物和運動底每一個聯系都歸源到一個應用的形而上學上去。黑格爾替宗敎、法權等等做了某些工作，蒲魯東先生企圖替政治經濟照樣做一番。

究竟這所謂絕對的方法是什麼東西呢？運動底抽象。運動底抽象是什麼？運動在抽象的狀態中，運動在抽象的狀態中是什麼？運動底純邏輯的公式或純理性底運動。純理性底運動成立在什麼樣子裏面呢？是怎樣一回事呢？把自己措置起來，把自己措置在自己本身對面，並且最後再把自己和自己本身措置在一起，成一個東西，把自己公式化爲正反合，或者最後，把自己措置起來，把自己否定，去並且否定它底否定。

那末，理性要把自己措置成一定的範疇，要把自己措置起來，究竟怎麼辦呢？這是理性本身和它底擁護者底事體。

一旦理性既經辦到把自己措置成一個正措置，這個正措置，被措置在它本身底反面，反對着自己，就分裂成兩個相反（矛盾）的思想——肯定和否定，是和否。被包含在反措置裏面的這兩個敵對的要素之間的鬥爭形成着辯證的運動。是變成否，否變成是，是變成是同時否，否變成否同時是；這樣子，兩個相反（對立）者互相抵消着、中和着、痲痺着，互相淘汰着。這兩個矛盾的思想底熔合形成一個新的思想，兩個思想底一同措置（綜合）。從這個創造底勞動中生長出一羣思想來。這個思想羣像一個簡單的範疇一樣，追隨着同一個辯證的運動，而得到相反的一羣作爲反措置。從這兩個思想羣裏面發生一個新的思想羣，兩個思想羣底一同措置。

像一個思想羣從簡單的諸範疇底辯證的運動中發生出來一樣，從許多羣底辯證的運動中發生出一個序列來，從許多序列底辯證的運動中發生出一個體系來。人家把這個方法應用到政治經濟學底諸範疇上去，並且得到了政治經濟學底邏輯和形而上學，換句話說，人家把盡人皆知的經濟學的諸範疇翻譯成一種人家不大知道的語言，在這種語言裏面，那些範疇好像剛從純粹理性底頭腦裏面跳出來一樣；這樣子，好像這些範疇憑辯證的運動底單單的活動就互相生產出來，互相連環起來並且互相組成一體。但讀者看見這個形而上學帶了諸範疇、諸思想羣、諸序列和諸體系底全部武裝也用不着駭怕。蒲魯東先生竭力想爬到諸矛盾底體系底高頂上去，雖慘淡經營，歷盡艱苦，但終究沒有超過簡單的（正反正措置和反措置）這兩個初起的階段，而且就是這兩個階段也只不過爬上了兩次，在這兩次之中就有一次兩脚向天，翻身倒下來。

至今我們只不過分析了黑格爾底辯證法；蒲魯東先生怎樣把辯證法降低到最可憐的程度，以後我們再看。在黑格爾心目中，凡已經出現，和正還在出現的一切東西恰正就是在他自己的思惟中出現的東西。所以，歷史底哲學只是哲學，他自己的哲學底歷史。於是，按照時間順序的歷史再不會有了，於是只不過有『觀念底連續在理性裏面』而已。他相信憑思想底運動可以建造世界，其實他只不過把各人頭腦裏面的思想有系統地改造過一番並且按照絕對的方法分類過一番而已。

第二個考察

經濟的諸範疇不過是社會的生產底諸關係底理論的諸表現、諸抽象而已。蒲魯東先生像眞正的哲學家一樣把種種東西頭脚顚倒過來並且在現實的諸關係裏面只看到那些微睡——照這位哲學家蒲魯東先生對我們說——在『人類底非個人的理性』底懷抱裏面的諸原理、諸範疇底化身。

經濟學家蒲魯東先生很能懂得人們在一定的生產底諸關係下面生產着毛布、麻布、綢緞。但什麽事情他沒有懂得呢？就是這一定的社會的諸關係也像毛布、麻布等等一樣是人類底生產物。社會的諸關係和諸生產力是密切結合着的。跟着把新的諸生產力得到手，人類就改變他底生產方式，並且一改變生產方式，獲得生計（生活資料）的方式，他們就改變一切他們底社會的諸關係。手搖的粉磨產生了一個有封建地主的社會，蒸汽機關底粉磨產生了一個有工業資本家們的社會。人類按照他們底物質的生產方式來形成了社會的諸關係，但就是這批人類按照他們底社會的諸關係也形成了諸原理、諸觀念、諸範疇。

所以這些觀念，這些範疇，正像它們所表現的諸關係一樣不是永遠的。它們是歷史的、暫時的、過渡的諸生產物。

我們生活在諸生產力底生長社會的諸關係底破壞，諸觀念底形成底不斷的運動中；只有運動底抽象是不運動的——不死的死。

第三個考察

每一個社會底生產底諸關係形成着一個全體。蒲魯東先生把經濟的諸關係看作同樣多的社會的諸階段，它們互相生產着，其中之一個從其中之另一個裏面生長出來，像反措置從正措置裏面出來一樣，並且在它們底邏輯的連續裏面實現出人類底非個人的理性來。

這個方法有唯一的不便，就是當蒲魯東先生想單獨考察這些階段之一的時候，儘管他還沒有靠他底辯證的運動來使其他的社會的諸關係發生出來，但不顧慮這些社會的關係，他就不可能說明那些階段之一。又當蒲魯東先生靠純粹理性底幫助，達到產生這些階段的時候，他又把它們當作好像剛才生出來的娃娃看，忘記了它們和初起的諸階段是同年的。

他認爲價值底構成是一切經濟的發展底基礎，要達到價值底構成，他沒有辦法不要分工、競爭等等。但在序列中，在蒲魯東先生底理性中，在邏輯的連續中，這些關係還一點也沒有。

一旦人家用政治經濟學底諸範疇來造成一個邏輯的體系底建築，社會的體系底四肢就被分解了。社會底不同的許多肢體被改變成許多各別的社會，一個跟着另一個。實在，單單運動，時間底連續底邏輯的公式怎麼能說明社會底身體——在這裏面一切活動同時現存着並且互相支持着——呢？

第四個考察

現在看看蒲魯東先生把黑格爾底辯證法一用到政治經濟學上去，就怎樣改變了黑格爾底辯證法。

在蒲魯東先生底心目中每個經濟的範疇都有兩個方面，一個好的，一個壞的。他看諸範疇，像庸人看歷史底偉人一樣：拿破崙是一個偉人，他做了許多好事，也做了許多壞事。

好的方面和壞的方面，利和弊，長處和短處合起來，蒲魯東先生以爲就形成矛盾在每個經濟的範疇裏面。

問題應當有解決：保存好的方面並除掉壞的方面。

奴隸制度是一個經濟的範疇像另外一個一樣。宅同時也有宅底兩個方面。我們不花費工夫來講壞的方面，單講奴隸制度底好的方面。不用說，這裏單講直接的奴隸制度，單講在蘇利喃、在巴西、在北美洲底南部各國的黑人奴隸制度。直接的奴隸制度是像機器、信用等等一樣是資產階級的工業底樞紐。沒有奴隸制度就沒有棉花，沒有棉花就沒有近代的工業。只有奴隸制度才使諸殖民地得到它們底價值；諸殖民地創造了世界貿易，而世界貿易是大工業底條件。這樣，奴隸制度是一個經濟的範疇有最高的重要性。

沒有奴隸制度，那最進步的國度，北美，恐將變成一個家長制的國度。假如從世界地圖上抹去北美，那末，近代商業和文明將完全崩潰，世界將變成無政府狀態。叫奴隸制度消滅吧，這就等於從世界地圖上抹去北美❶。

這樣子，奴隸制度，因其爲一個經濟的範疇，經常在各民族底諸制度中間現存着。近代諸民族懂得在本國內部需要把奴隸制度原原本本僞裝起來，但他們把奴隸制度赤裸裸地移植到新世界去。

蒲魯東先生打算怎樣營救奴隸制度呢？他要提出任務像下面那樣：保存這個經濟的範疇底好的方面，取消壞的方面。

黑格爾沒有提出過任務。他只知道辯證法。蒲魯東先生從黑格爾辯證法那裏，只學了口頭禪。他自己的辯證的方法只不過武斷地區別一番善惡而已。

讓我們暫時把蒲魯東先生本人當作範疇看吧；讓我們研究一番他底好的和壞

---

❶ 對一八四七年當時來說，這話是完全正確的。當時美國底世界貿易主要地局限在移民和工業生產品底進口和棉花和煙草即南部奴隸勞動底生產物底出品。北部諸國主要地替南部奴隸制諸國，生產穀類和肉類。直到自從北部諸國爲出口而生產穀類和肉類並且另外還變成了工業國以後，並且自從對美洲的棉花獨佔，在印度、埃及、巴西等國發生了一個强大的競爭之後，奴隸制度底廢止才有了可能。並且就在這種情形下面，奴隸制度底廢止引起了南部諸國底沒落作爲結果，南部諸國沒有能够用印度的中國的苦力等隱蔽的奴隸制度來代替公開的奴隸制度。

——恩格斯註

的方面，他的長處和短處吧。

假如他預先比黑格爾有一個長處，就是可以提出種種任務，他把這些任務預先保留在自己手裏，打算替人類底最善來解決，那末，一旦當他必須經過辯證的分娩活動來產生一個新的範疇時，他就有完全生產不出底短處。什麼東西造成辯證的運動呢？恰好就是兩個相反（對立）的方面底並排發生，它們底鬥爭和它們底上昇到一個新的範疇裏面去。一旦人家提出下述任務，說要消滅壞的方面，那末，他就把辯證的運動一刀切成兩段。那已經不成其爲因其矛盾的本性而把自己措置起來並且把自己措置在自己對面，反對自己本身的範疇；寧可說那就是蒲魯東先生自己在這兩個方面中間撞來撞去，弄得遍體鱗傷，苦痛萬分。

這樣陷在迷宮中就很難依靠正當的辦法來逃脫，於是蒲魯東先生鼓起渾身之力**突然一跳**就一下子被搬運到一個新的範疇裏面去了。而且，正是這個時候，那在理性裏面的序列就在他底驚異的眼睛面前揭發了自己。

他抓住第一個最好的範疇並任意給它添上這樣一個特性來補救他知道需要洗

刷的範疇底短處。所以假如我們應當相信蒲魯東先生，那末，捐稅就會除掉獨佔底短處，貿易平衡會除掉捐稅底短處；土地所有權會除掉信用底短處。

這樣子把經濟的諸範疇逐一單獨處理，並把其中之某一個當作另一個範疇底消毒品，蒲魯東先生就用諸矛盾和諸矛盾底對抗辦法底混合品來做成兩卷矛盾，正應當題名：經濟的諸矛盾底體系。

第五個考察

『在這個絕對的理性裏面，一切這些觀念是……一樣簡單而普遍的。……實在只有經過我們把我們底諸觀念建築成一種踏脚架子，才達得到科學。但眞理本身是離開這些辯證的形像而獨立着，並且自由地解脫着我們底精神底種種裝配。』（蒲魯東，第二卷，第九七頁）

這裏我們看到政治經濟學底形而上學，經過一番顚倒——我們剛才知道宅底秘密——突然變成了幻影。蒲魯東先生從來沒有講得比這次更眞實。實在，從辯

證的運動底過程 那裏縮回到——把善惡對立起來，提出種種任務來企圖消滅壞的，並且把一個範疇當作另一個範疇底消毒品拿出來給人家，——這個簡單的程序上去那瞬間起，諸範疇就已經沒有了獨立性，觀念『不再起作用』，在觀念裏面不再有生活了。觀念再也不會措置自己，也不會分開來措置自己在諸範疇裏面。諸範疇底連續把自己變成一個踏脚底空架子。辯證法不再是絕對的理性底運動。辯證法已經沒有了，至多只不過有空洞的道德而已。

當蒲魯東先生談到悟性裏面的序列，談到諸範疇底邏輯的連續時，他肯定地表明他不願意拿出按照時間秩序的歷史來——照蒲魯東先生底意思，那就是歷史的連續，在這裏面諸範疇顯示出自己來。

那時候，他認爲一切都在理性底純粹的以太裏面完成着自己。一切必須依靠辯證法底幫助把自己從純粹的以太裏面引導出來。現在恰正需要把辯證法移植到實踐中去的時候，理性却抛棄了他。蒲魯東先生底辯證法背叛着黑格爾底辯證法，所以蒲魯東先生不得不告訴我們說，他在一個秩序裏面把經濟的諸範疇拿出來給我們，但這個秩序已經不是經濟的諸範疇在其中互相從對方裏面把自己發展出來的秩序。經濟的進化已經不是純粹理性底進化。

那末，蒲魯東先生究竟拿出了什麽來給我們呢？現實的歷史，照蒲魯東先生底悟性來說，就是諸範疇按照時間底秩序來在其中把自己顯示出來的那個連續有沒有？沒有。在觀念本身裏面自己完成的歷史有沒有？更沒有。可見，既沒有諸範疇底世俗的歷史，又沒有諸範疇底神聖的歷史！那末，他究竟拿出了什麽歷史來給我們呢？他自己的諸矛盾底歷史。我們且看這些矛盾怎樣進軍而蒲魯東先生怎樣跟在後面狼狽吧。

在我們進行那引起第六個重要考察的研究以前，我們還有一個不大重要的考察要做。

我們暫時同蒲魯東先生一起假定：按照時間秩序的現實的歷史就算是諸觀念、諸範疇、諸原理在其中把自己顯示出來的歷史的連續。

每一個原理都有過它底世紀，在這裏面它顯露了自己。例如權威底原理有過第十一世紀，好像個人主義底原理有過第十八世紀一樣。照理說，世紀就該歸屬給原理，不是原理歸屬給世紀。換言之，原理創造了歷史，不是歷史創造了原理。假如最後，爲了想把諸原理和歷史一併拯救出來起見，問一下，爲什麼這個原理恰恰在十一世紀或十八世紀裏面而不在另外一個世紀裏面把自己顯露出來，那末，人家一定會感覺到不得不進行各別的研究，十一世紀和十八世紀底人們究竟怎麼樣，他們當時的諸需要，他們底諸生產力，他們底生產底方式和原料怎麼樣，最後從一切這些生存底諸條件裏面發生出來的人和人底交互關係究竟怎麼樣。要澈底研究這些問題，難道就不是追求任何一個世紀底人們底現實的世俗的歷史嗎？不是把這些人們，當作他們自己的戲劇底創作者兼演出者來描寫出來嗎？但一旦當人家把這些人們當作他們自己的歷史底表演者和創作者來設想時，人家就經過一番迂迴回到現實的出發點上去，因爲人家拾棄了他所從出發的那些永遠的原理。

但蒲魯東先生站在思想家所達到的歧路上從來沒有敢充分走遠去找歷史底大

軍道。

第六個考察

我們同蒲魯東先生一起走上歧路去吧。我們願意假設：經濟的諸交互關係，當作不變的諸規律，當作永遠的諸原理，當作理想的諸範疇看，早已存在着，比活動的勞作的人類還早；我們甚而願意假設：這些規律、這些原理、這些範疇，從時間剛開始起，就已經微睡在『人類底非個人的理性』裏面。我們已經知道：在這些不變的不動的諸永遠性那兒早已沒有歷史；至多只有一個歷史在觀念裏面，就是這個歷史自己反映在純粹理性底辯證的運動裏面。但蒲魯東先生說，在這辯證的運動裏面諸觀念已經再不自己『分化』，這樣一說，他連運動底影子和影子底運動都統統抹掉了。利用這些東西，人家至少還可以得到一種好像歷史一樣的東西。他不這樣做，而把他自己的無能歸罪於歷史，他歸罪於一切，甚而歸罪於法國話。哲學家蒲魯東先生說：『所以，倘有人說，有某種東西出現着，有某種東西被生產了出來，這種說法是不正確的：在文明裏面也好，在整個世界裏面也好，一切永遠現存着、活動着。……這也同樣適用於整個社會經濟。』（第二卷，第一〇二頁）

向蒲魯東先生進行活動並使他活動起來的諸矛盾底創造的力量竟這樣厲害，甚而使他在正想說明歷史這時候感覺到不得不否定歷史，使他在正想說明社會的諸關係底連續這時候否定某種東西能夠自己出現，使他在正想說明生產在宅底一切階段中這時候抗拒承認某種東西能夠被生產出來。

這樣子，在蒲魯東先生心目中既沒有歷史，也沒有諸觀念底連續，然而他底著作居然仍舊存在，並且恰恰就是這本書，照他自己的說話，是『按照諸觀念底連續的歷史』。怎麼樣才找得到一個公式，因爲蒲魯東先生是諸公式底人物，來讓他一跳就了結他底一切矛盾呢？

對這個目的，他發明了一個新的理性，宅既不是純潔的處女一樣的絕對理性，又不是在種種不同的諸世紀中出現並勞作的人類底普通理性，而是一個完全別開生而的理性，社會人格底理性，人類主體底理性，它在蒲魯東先生底筆尖下面，有時被描畫成『社會底天才』，普遍的理性，最後『人類底理性』。這個用這許多名義來粧飾自己的理性終於每次都暴露自己就是蒲魯東先生底個人的理性帶着它底好的方面和壞的方面，帶着它底消毒品和它底任務。

『人的理性不創造』那隱藏在絕對的永遠的理性底深處的『眞理』。人的理性只能揭發這個眞理。但至今人的理性，所揭發的諸眞理是不完全的、不充分的、因之，是矛盾的。可見，即令經濟的諸範疇本身也只是由人類底理性、由社會底天才所發見所揭發的諸眞理而已，因此，它們也同樣是不完全的，而且親自帶着矛盾底種子。在蒲魯東先生以前，社會底天才只看見了對立的諸要素，但沒有看見統一的綜合的公式，這兩種東西同時隱藏在絕對的理性裏面。經濟的諸關係，不過在地上實現了那些不充分的諸眞理，不完全的諸範疇，互相矛盾的諸概念，因此，它們也在自己本身裏面充滿着矛盾並顯露出兩個方面，其中有一個是好的，另外有一個是壞的。

要發見這個全部眞理，要發見這個概念在宅底全部充實裏面，要發見這去掉了矛盾的綜合的公式，這就是社會底天才底任務。

因此，在蒲魯東先生底幻想裏面，這位社會底天才曾從這個範疇到那個範疇，東奔西走，竄來竄去，從來沒有結束過他底諸範疇底整個戰鬥，但從上帝即絕對的理性手中爭奪不到一個綜合的公式。

『初起，社會（社會底天才）設立一個最初的事實，一個最初的預先措置（假定）……一個眞正的矛盾（二律背反），其對抗的諸結果發展在社會的經濟裏面，恰好像宅底諸歸結也可以在精神裏面展開一樣；所以工業的運動，完全追從着諸觀念底展開，自己分化成兩個方向：有用的諸作用底方向和有害的諸作用底方向。……這個原理有兩重面孔，要調和地構成這個兩重面孔的原理並去掉這個矛盾，社會就從自己肚子裏產生出第二個事實，第二個矛盾，不久還有第三個跟上來，並且這就成爲社會底天才底道路直到他汲盡一切宅底諸矛盾——我預先措置，儘管還沒有證實，在人類中間矛盾總有一天會完結——之後，一跳就回

到一切他底以前的諸位置上去，並且把一切他底諸任務解决在一個唯一的公式裏面。』（第一卷，第一三三頁）

像前次反對措置（對立）變成消毒品（抗毒素）一樣，現在正措置就變成預先措置（假定）。這種用語底變卦，既發生在蒲魯東先生那裏，就不能使我們驚奇。人類底理性，因其眼界有限，沒有什麼辦法可以純粹，每一步會遇到新的任務需要解决。人類底理性在絕對理性裏面發見的每一個新措置，是預先措置底否定，對人類底理性將成爲合同措置（綜合），人類底理性很幼稚地把它（綜合）當作那在問題裏提出的任務底解决。這樣子這個理性在不斷新鮮的諸矛盾中受盡折磨，直到它達到這些矛盾底盡頭並且看到一切它底措置和合同措置（綜合）只不過是互相矛盾着的預先措置（假定）而已。

在它底昏迷錯亂裏面，『這人的理性，這社會底天才一跳就回到一切他底以前的諸位置上去並且把一切他底諸任務解决在一個唯一的公式裏面』。這個唯一的公式順便就形成普魯東先生底眞正的發見。它就是構成的價値。

人家只考慮到某一確定的目標而進行預先措置（假定）。借蒲魯東先生底一張嘴來講話的這個社會底天才把這個目標放在第一線上，這個目標就是從每個經濟的範疇裏面去掉壞的東西，只保留好的東西。他認爲這個好東西，這個最高善，這個眞正實際的目標就是平等。那末，爲什麼這位社會底天才特別喜歡平等，比不平等、比博愛、比天主教或其他任何原理都更喜歡些呢？因爲『人類已經逐一實現了這許多特殊的預先措置（假定），只爲了一個更高的預先措置（假定）』，這恰恰就是平等。換句話說，因爲平等是蒲魯東先生底理想。他以爲分工、信用、工廠或作場裏面的協作，這一切經濟的諸關係只爲了平等底利益而被發明出來，但結局常常變成對平等有害。因爲歷史和蒲魯東先生底虛擬每一步都互相衝突着，後者就斷定這裏有一個矛盾。假如這裏有一個矛盾，這矛盾只現存在他底固定的觀念和現實的運動中間。

從今以後，一個經濟的關係底好的方面永遠就是加强平等的那些方面，壞的方面就是否定平等，加强不平等的那些方面。

每個新範疇是社會底天才底一個預先措置（假設）以便去掉前面一個預先措置（假設）所造成的不平等。一句話，平等是原始的企圖，神秘的趨勢，天命的目的，社會底天才正在經濟的諸矛盾底旋渦裏面打滾翻筋斗的時會，一刻也忘不了平等。這樣子，天命是火車頭，使蒲魯東先生底經濟的行囊比他底空氣一樣的純粹理性運動得更好些。他貢獻了整個一章給天命，下面跟着來了一章論捐稅。

天命，天命的目的今天用來說明歷史底進程，字眼未免大而無當。其實這種字眼說明不了什麼。它只是一個修辭學的形式，迴避敘述事實的許多方式之一。

在蘇格蘭，土地佔有因那種替羊毛開拓了新市場的工業底發展而得到了一個新的價值，這是事實。要大規模地生產羊毛，就要把耕地變成牧地。要實現這個改變，就要集中土地。要集中土地，就要廢止細小的許多租佃，趕走成千成萬小佃農離開家鄉並在他們底地位上安插幾個看羊人來看守幾百萬羊羣。這樣子，土地佔有在蘇格蘭，經過連續的種種改變，結果就成了羊趕走人。倘若有人說：在蘇格蘭土地佔有制度底天命的目的，就是讓羊來趕走人，那末，他就推行了天命的歷史。

的確，我們這個世紀有這個趨勢向着平等。有誰因此說，前面過去了的許多世紀以完全不同的諸需要，生產底諸手段等等，照天命對平等底實現起了作用，那末，首先這個人拿我們這個世紀底人們和諸手段去替代着過去諸世紀底人們和諸手段並且錯認了歷史的運動，靠這歷史的運動後來的世世代代改變着過去的世世代代所得的成果。 經濟學家們很知道：同一件東西對某一個世紀是一個完成品，但對另外一個世紀只是用到新的生產裏去的原料而已。

倘人家照蒲魯東先生那樣假定：社會底天才在天命的企圖中創造了或寧可說隨與創作了封建地主們來把賦稅的農民改成負責的並且地位平等的勞動者，那末，人家就會完全做到調換一批目的和人物，符合天命，就是把土地所有制輸進蘇格蘭去實現那惡意的滿足即叫羊來趕走人。

但因為蒲魯東先生對天命感到那樣體貼的關心 ， 所以我們給他舉出維亦內蕪·巴日蒙先生底政治經濟學史來，這位先生也同樣追隨天命的一個目的。這個目的已經不是平等而是天主敎。

第七個卽最後一個考察

經濟學家們處理問題有一種奇怪辦法。他們認爲只有兩種制度，人爲的和自然的。封建主義底種種制度是人爲的種種制度，資產階級底種種制度是自然的。在這問題上他們好像神學家們分別兩種宗敎一樣。只要不是他們自己的，每個宗敎都是人類底發明，只有他們自己的宗敎才是上帝底顯靈。當經濟學家們說，現在的諸關係——資產階級的生產底諸關係——是自然的，這時候他們就想說，世界上有一些關係，在這些關係裏面，財富底生產和諸生產力底發展都依照自然底規律自己成就着。所以，這些關係本身就是自然規律不受時間底影響。那是永遠的諸規律，應當永遠統治着社會。所以，人類曾有過歷史，但現在已經沒有了。有過歷史，因爲封建的種種制度曾經存在過，並且因爲在這些封建的制度裏面，人家遇到的生產底諸關係完全不像資產階級社會底諸關係卽經濟學家們願意認爲自然的因之永遠的諸關係一樣。

封建主義也曾有過宅底無產階級——農奴階級，宅包含着資產階級底一切胚胎。封建的生產也有兩個敵對的要素，人家也同樣把這兩個要素當作封建主義底好的和壞的方面來標明，沒有考慮到，總是壞的方面最後戰勝好的方面。就是這壞的方面惹起了運動，運動醞釀了鬥爭，因此創造了歷史。假如，經濟學家們當着封建主義統治底時代，看到騎士的風尚，看到權利義務之間有美麗的調和，看到諸城市底家長制的生活，看到鄉村中家內工業底繁榮，看到那組織在種種封建的生產組織、種種行會、種種弟兄團體裏面的工業底發展，一句話看到封建主義底一切美麗的方面，大受感動，乃提出任務說，應當消滅一切把影子投到這幅畫圖上去的東西——農奴制度，諸特權，無政府狀態——那末，那個壞的方面究竟該到那裏去呢？人家該殲滅了一切呼喚起鬥爭來的諸要素，人家該在胚胎裏面窒死了資產階級底發展。人家該提出了下述可笑的任務：應當把歷史勾消。

資產階級得到勝利以後，人家不過問封建主義底好的和壞的方面了。在封建

— 172 —

主義下面發展起來的諸生產力落到資產階級手裏了。一切舊的經濟的諸形態，適合這些形態的私法的諸關係，政治的狀態作爲舊社會底公式的表現等統統被破壞了。

所以假如想正確判斷封建的生產，那必須把它當作一個安放在對立上的生產方式看。必須指明財富怎樣在這對立裏面被生產出來，諸生產力怎樣和諸階級底鬥爭同時自己發展起來，這些階級之一，這壞的方面，這社會的害惡怎樣不斷地生長起來直到它解放底物質的諸條件成熟。難道這沒有充分明白說出：生產方式，諸生產力在其中自己發展的諸關係一點也不是永遠的規律，不過適合着人類底某一確定的發展狀態和他們底諸生產力而已，並且說出：在人類底諸生產力裏面發生了一個變化必定在他們底生產底諸關係裏面引起一個變化？因爲，要不被排除在文明底諸成果即既得的諸生產力之外，這事比一切事體都要緊，所以，諸生產力在其中被創造出來的那些傳下來的諸形態之被打破將成爲不可避免。從這瞬間起革命的階級成爲保守的。

— 173 —

資產階級（城市人階級）以一個無產階級開始，這無產階級本身又是封建主義底無產階級底殘餘。在資產階級（城市人階級）底歷史的發展過程中它不得不發展它底敵對的性格，這個性格初起還多少隱藏着，只在潛伏的狀態中存在着而已。跟着資產階級（城市人階級）自己發展的程度，在它胎中自己發展着一個新的無產階級，一個近代的無產階級；於是在無產者階級和資產者階級之間自己發展起一個鬥爭來，這個鬥爭在雙方都感覺、注意、重視、理解、承認並且結局大聲宣告以前，只不過暫時表現在局部的過渡的諸糾紛裏面，在擾亂底諸行動裏面而已。另一方面，即使近代資產階級（城市人階級）底一切屬員具有同樣的利害關係，但只要他們形成一個階級對付着另一個階級，那末，他們一旦親自互相對立起來，就會有相反的對抗的諸利害關係。這種利害底對立乃從他們底資產者（城市人）的生活底經濟的諸條件裏面發生出來。因此，下述諸事就一天一天越加明白起來，資產階級在其中運動的生產底諸關係並不具有一個統一的簡單的性格，反而具有一個自相矛盾的性格，不僅財富，而且貧困也就在這些關係裏面被生產着；不僅諸生產力而且一個壓迫底力量也就在這些關係裏面自己發展着；這些生產關係只有繼續不斷消滅這個階級底個別成員們底財富並且只有創造一個不斷生長的無產階級來才生產得出資產者的財富即資產者階級底財富來。

這個對立的性格越明顯，則經濟學家們，資產者的生產底科學代表們就和他們自己的理論一起越加陷進矛盾裏去並形成許多不同的學派。

有一批宿命論的經濟學家們，在他們底理論裏面，不關心他們所謂資產者的生產方式底害惡，像資產者們不關心那些幫助資產者們獲得財富的無產者們底苦痛一樣。在這批宿命主義的學派裏面還有兩種人，古典派和浪漫派。古典派像亞丹斯密和李嘉圖那樣，代表着一個資產階級，這一個資產階級，還在和封建社會底殘餘作門爭中，單只努力想從經濟的諸關係中把封建的諸斑點清洗掉，想增加諸生產力並想拿新的推動力給工業和商業。參加着這個門爭的無產階級，爲上述熱病一樣的努力所吸引，只感到暫時的偶然的諸苦痛，把宅們當作這樣一種苦痛看。經濟學家們像亞丹斯密和李嘉圖那樣，就是這個時代底歷史家，只有下述任務：要證明財富在資產者的生產底諸關係裏面怎樣被獲取了；要把這些關係表現在諸範疇裏面，在諸規律裏面，並且要證明這些規律這些範疇在諸財富底生產上比封建社會底諸規律諸範疇強多少。貧困在他們底眼睛裏面，只不過是生孩子一定有的痛苦，無論在自然裏面和在工業裏面都一樣。

浪漫派屬於我們這個時代，在這個時代裏面資產階級發見自己和無產階級在直接的對抗中，在這個時代裏面貧困像財富一樣生長得大大地超過了尺度。經濟學家們這時扮作老朽的宿命論者表演自己並且從他們底立場底高處射出昂慢看不起人的眼光到那創造財富的、人當的機器上去。他們照樣抄襲着他們底前輩們遺下來的一切引伸，但有一個區別：在他們底那些前輩們那裏曾是幼稚，而在他們那裏就成了拍馬屁。

於是出現了一派**人道學派**，這派把今天的生產底諸關係底壞的方面放在心上。想安慰自己的良心，這派企圖儘可能掩飾那現實的對照，宅直言不諱地申訴無產階級底悲慘，資產階級中間無限制的競爭；宅勸工人們安份一些，節制一些，勤勉一些，少生些兒子；宅勸資產者們在他們生產底熱心上面要謹愼，要深思熟慮。這學派底整個理論不外就是在理論與實踐，原理和結果，觀念和應用，內容和形式，實質和現實性，法和事實，好的方面和壞的方面中間無限度地設立區別。

博愛學派就是完成了的人道學派。宅否認對立底必然性，宅願意把所有一切人都變成資產者，在理論和實踐互相區別的範圍內並在理論不包含對立的範圍內宅願意實現這個理論。這樣子，不說也就明白：在這個理論裏面容易捨去那些在現實裏面每一步都要遇到的諸矛盾。於是這個理論就成了理想化了的現實。所以，博愛主義者們願意保存那些表現資產者的諸關係的諸範疇，不要那造成這些關係底實質而且和這些關係分離不開的矛盾。他們自己以爲認眞地反對着資產者的實踐，但他們比別人更是資產者。

像**經濟學家**們是資產者階級底科學的代表一樣，**社會主義者**們和**共產主義者**們是無產階級底理論家。當無產階級還沒有充分發展起來把自己建立成階級，因此，無產階級向資產階級進行的鬥爭還不帶任何政治的性格，當諸生產力在資產階級本身底胎中還沒有充分發展起來讓人家看見那些對無產階級底解放並對一個新社會底建設所必要的物質的諸條件，在這些時限內那些理論家們只是空想家們而已，他們想應付被壓迫的諸階級底種種需要而臨時想出一些體系並追求一個革新的科學。但跟着歷史越加前進並跟着無產階級越加顯明的程度，他們再也不必在自己的頭腦裏面追求這個科學；他們只要注意照顧那些在他們眼睛面前發生的事體並且變成這件事體底發言機關就行了。當他們追求這個科學並且僅僅建立體系，當他們剛開始鬥爭，在這時限內他們在貧困裏面只看到貧困，看不到那把舊社會拋到垃圾坑裏去的革命的翻天覆地的方面。從看到了這一方面的瞬間起，這科學完全認識了歷史運動底原因，就成爲歷史運動底有意識的產物，並且它就停止變成教條而變成革命的科學了。

回到蒲魯東先生這裏來吧。

每個經濟的關係都有一個好的和一個壞的方面，只有在這一點上蒲魯東先生沒有親手打自己的嘴巴。他看見為經濟學家們所闡發的好的方面，他看見為社會主義者們所揭發的壞的方面。他從經濟學家們手裏借用那永遠的諸關係底必然性；他從社會主義者們手裏借用那在貧困裏面只看貧困的幻覺。當他想依靠科學底權威時，他就和雙方妥協。科學在他心目中就縮小到一個科學的公式這樣可憐的程度；他是一個追逐公式的人。

這樣子，蒲魯東先生自命不凡地認為自己批判了政治經濟學和共產主義雙方，其實他比雙方低得多。比經濟學家們低，因為他當作一個哲學家，手裏有了一個魔術的公式，就以為可以不必進到純經濟學的細節目裏面去了；比社會主義者們低，因為他既充分沒有勇氣，又充分沒有智力，把自己——那怕僅僅超經驗地深思一番而已也得——提高到資產者的地平線以上去。

他想要變成綜合——其實他是一個合併起來的錯誤。

他想要做一個科學家逍遙在資產者們和無產者們底上面，其實他只不過是在資本和勞動中間、在政治經濟學和共產主義中間不斷顚來倒去的小資產者而已。

第二節　分工和機器設備

據蒲魯東先生說，分工是經濟的諸發展底序列之開始。

分工底好的方面：『照分工底實質看來分工是諸條件和諸智能底平等得以在其中實現出來的方式。』（第一卷，第九三頁）

分工底壞的方面：『對我們，分工成了一個貧困底源泉。』（第一卷，第九四頁）

變調：『勞動按照下述規律——就是它自己的也是對它底產生果實性最有利最方便的條件——把自己分割開來，經過這樣分割之後就達到它底目的之否定而淘汰自己。』（第一卷，第九四頁）

應當解決的任務：設法『重新組織，除掉分工底種種不方便同時保存它底有效的諸作用。』（第一卷，第九七頁）

據蒲魯東先生說分工是一個永遠的規律，一個簡單而抽象的範疇。所以，要說明在歷史底不同的時代裏面的分工，他只要這個抽象，這個觀念，這單單一句話就夠了。四姓階級、行會、工廠手工業、大工業，一切都用『分割』這句簡單的話來一定說明得了。首先把分割這個字眼底意思好好研究一下，於是再也不必去研究在各個時代裏面拿一個確定的性格給分工的那許許多多作用。

實在，倘人家把許多東西收縮到蒲魯東先生底諸範疇上去，那末，人家可以把這些東西弄得非常簡單。其實，歷史並不照範疇那樣死板地進行。德國花費了整整三百年才辦到了第一次有意義的分工即城市和鄉村底分離。跟着城市和鄉村底這個關係自行改變，整個社會也跟着自行改變。單單定住眼睛專看分工底這一個方面，就可以看到這裏有古代的諸共和國，那裏有基督教的封建主義，這裏有舊的英國和它底鄉村男爵們，那裏有近代的英國和它底棉業男爵們。十四十五世紀，當時還沒有一個殖民地，當時美洲還沒有，亞洲也只不過經由君士旦丁城才出現在歐洲眼面前，當時地中海還曾是商業活動底中心，那時底分工，比起西班牙人、葡萄牙人、荷蘭人、英國人、法國人在全世界各處建立了殖民地的十七世紀來，有完全另外一樣的性格，完全另外一樣的外表。市場底寬窄和面貌給各個不同時代底分工加上一個性格，一個面貌，用『分割』這個單單的字眼，用

『分割』底觀念，用『分割』底範疇，很難把這個性格和面貌弄明白。

『從亞丹斯密以來一切經濟學家們——蒲魯東先生說——都曾指出分工底規律底利益和害處，但較多强調利益而較少强調害處，因爲利益對他們底樂觀主義更加方便，並且他們裏面沒有一個人曾問過什麼東西可能成爲一個規律底害處……同是這個原理，嚴厲地追究到底，怎麼竟走到完全相反的諸結果上去呢？在亞丹斯密以前也好，以後也好，沒有一個經濟學家曾看到這裏有一個任務要解决。賽伊曾進步到承認在分工裏面同一個原因產生利益同時產生害處。』（第一卷，第九五與九六頁）

亞丹斯密看得很遠，比蒲魯東先生所想像的程度更遠些。他很好看到『在現實世界裏面，個人們底天資之相差比我們所相信的程度小得多。那些非常不同的天資，好像可以區別各種不同的諸行業底已經成熟的屬員們，其實並不是分工底原因而是分工底結果』。初起，一個搬貨人同一個哲學家不大像一隻看家狗同獵犬一樣容易區別。就是分工在兩者中間劃了一道鴻溝。這一切都阻擋不住蒲魯東先生在另外一個地方主張亞丹斯密一點沒有感覺到分工所造成的種種害處；並主張J．B．賽伊第一次承認在分工裏面同一個原因產生利益同時產生害處。

但聽聽勒蒙戴吧；讓每一個人各得其所吧。

『J．B．賽伊先生賜我光榮，在他底關於政治經濟的優秀著作裏面採納了我在關於分工底道德的影響這個斷篇裏面初次闡明的這個原理。我這本書底不太愼重的標題無疑地妨礙了他引用我底著作。我祇能夠把一位作者底這種沉默歸因於上述動機，這位作者要拒絕這麼一點小債務，未免自己的財源太豐富了。』(『勒蒙戴全集』，第一卷，第二四五頁)

讓我們給他斷一個公平吧。勒蒙戴很聰明地揭發了像今天所行的分工底不好的諸結果，而蒲魯東先生一點也不能添加什麼。但因爲蒲魯東先生底過錯，我們自己既捲入誰在先這個問題底旋渦了，就順便聲明下述事實：在勒蒙戴以前很久，而且在亞丹斯密以前十七年，他底先生，福開森在專門處理分工問題的一章裏面，把這一點分析得明明白白。

『有餘地可以懷疑究竟一個民族底一般能力會不會和技術底進步一同生長。許多機械的技術……完全好好地成功了，儘管這些技術完全沒有理性和情感底幫助，而且無知識像迷信底母親一樣恰恰是工業底母親。反省和想像易入歧途；而動手動脚底習慣既不靠反省又不靠情感。這樣子，也許人家可以說作坊（手工業工廠）勞動底完成就在可以不用腦子做工作，因此，不用頭腦幫助的，作坊可以被視作一架機器，它底一個構成部分就是人。……士兵底任務只限於實行手脚底幾種運動，司令官還可以練熟戰爭藝術。司令官這一方面可以得到士兵那一方面所喪失了的東西。……在什麼東西都分離着的時期中思惟底藝術本身可以形成一個獨立的職業。』（亞丹·福開森：『論市民社會底歷史』）

爲了結束這場文獻的涉獵，我們明確地否定所謂『一切經濟學家們較多強調分工底利益，較少強調分工底害處』。只要舉出西士蒙地底名字來就已經夠了。

至於講到分工底利益，蒲魯東先生除了把隨人皆知的普通熟語改頭換面一番之外再也沒有做出什麼來。

讓我們看看他從分工作爲一個普遍規律，作爲一個範疇，作爲一個思想裏面怎麼樣把那些和分工分不開的諸害處引伸出來。這個範疇，這個規律怎麼會包含勞動底一個不平等的分配，對蒲魯東先生底平等體系不利起來了呢？

『從分工底可喜的瞬間起就開始了暴風吹襲人類。……進步並不對一切人都按照一個相等的統一的方式來進行。……進步首先掌握住有特權的少數。……從進步底方面，對人物的選擇，令人那樣長久相信生活條件底不平等乃屬於自然，出自天意，這個對人物的選擇引起了四姓階級並且依照位階底方式來建築了一切社會。』（蒲魯東，第一卷，第九四頁）

分工創造了四姓階級：現在四姓階級成了分工底害處，那末，就是分工產生了害處就可以證明了。你願意進一步問什麼東西使分工創造出四姓階級，位階的構成，和有特權的人物呢？普魯東先生會告訴你說：進步。那末，什麼東西造成進步呢？

限制。限制在蒲魯東先生底心目中就是從進步底方面對人物的選擇。

講了一套哲學又來講歷史。這已經不是記述的歷史或辯證的歷史，而是比較的歷史。蒲魯東先生在現代印刷工人和中世紀印刷工人中間，在鋼鐵廠工人和鄉村鐵匠中間，在近代文人與中世紀文人中間畫了一條平行線，等比一番，然後，把天秤底一方面加重，即把或多或少屬於中世紀所創造並傳下來的分工的那些東西底一方面加重。他把一個歷史時代底分工和另外一個歷史時代底分工對立起來。這就是他蒲魯東先生應當證明的事體嗎？不是。他應該然而沒有把分工底害處一般地，當作一個範疇，指給我們看。但是，爲什麼老滯在蒲魯東先生底著作底這一部分呢？因爲再往後一點，我們就可以看到他顯然取消了他所主張的一切發展。

『自從靈魂墮落了以後，——蒲魯東先生繼續說道——分成一片一片的勞動底第一個效果就是勞動日底延長，宅底生長和花費了的智能底總量形成反比例。……但勞動日底延長一天不能超過十六或十八小時，從再不能從時間中取得補償那時刻起，就要從價格中取補償，於是工錢就要減少。……什麼是可靠的，並且唯獨值得我們注意的事體呢？就是普遍的良心並不用同一個標準來計算一個工頭底工作和一個機械的助手底勞動。因此不得不減少一天工作底報酬；所以，在他底靈魂被一個減少品位的動作所損傷之後，因他所得報酬之可憐，還免不了要在肉體上受打擊。』（第一卷，第九七與九八頁）

康德也許把這種三段論法叫作不成器的似而非推論❶，我們就不管這種三段論法底邏輯的價值了。

上文底內容就是下述這樣：

分工把工人縮小到一個減少品位的活動上去。一個墮落了的靈魂適合着這個減少品位的活動；一個不斷增長的工錢下降適合着一個墮落了的靈魂。要證明這種工錢下降適合着一個墮落了的靈魂，蒲魯東先生居然主張普遍的良心願意這樣，竟在良心上毫無愧色。蒲魯東先生底靈魂算不算在普遍的良心裏面呢？

❶康德認爲似而非推論是經過一個在形式上不正確的思想過程而達到的一個結論。不過在內容上這個結論可能是不正確的或者是眞實的。
——英文版註

蒲魯東先生認爲機器是『分工底邏輯的反措置』，於是，靠他底辯證法底幫助，他就把機器改變成工廠。

預先設定了現代的工廠想把貧困當作這種分工底產物看之後，蒲魯東先生又預先設定了由這種分工所產生的貧困想達到這種工廠並且能夠把這種工廠當作這種貧困底辯證的否定。在精神上用一個降低品位的作用，在肉體上用所得報酬之可憐來打擊了工人之後，把工人放在工頭底隸屬下面並要求工人底工作變成一個機械的助手底勞動之後，他又重新『拿一個主人給工人』，來降低工人底品位，並且他使工人『從手藝人底地位降低到普通勞動者底地位』來完成他底降低，而把罪惡推給工廠和機器。高明的辯證法！並且假如他僅僅停留在這裏，也還算『高明』，但不然，他需要分工底一個新歷史，不過早已不想從那裏引導出諸矛盾來，反而想照他底方案來改造工廠。要達到這個目的，他覺得必須忘記他關於分工曾經講過的一切。

勞動每次都按照宅所使用的諸工具來把自己組織並分割成各式各樣。手推的磨子預先設定着另外一種分工，和蒸汽磨子所預先設定的分工不同。所以如果一般地從分工開始，想在結論裏面達到一個特別的生產底利器即機器，這樣就打了歷史一個耳光，就看不起歷史，拒絕歷史。

機器像那拖一把犁的牛一樣已經不是一個經濟的範疇。機器只是一個生產力。靠應用機器的近代工廠是一個社會的生產關係，一個經濟的範疇。

讓我們看看許多東西在蒲魯東先生底光怪陸離的想像裏面怎樣出現着。

『在這社會裏面，機器底不斷的新出現是勞動底反措置即反公式：它是工業底天才底抗議反對着那分割成一片一片的殺人的勞動。實在，什麼是機器呢？把那被分工所分開的勞動底各種不同部分結合起來的方法。每一架機器都可以說是各種不同的勞作底一個總括。……這樣子，通過機器，我們就得到工人底復原。……在政治經濟學裏面，把自己放在反對着分工的矛盾裏面的機器表現着綜合，綜合在人類的心情裏面反對着分析。……分工僅僅把勞動底不同的諸部分分開了，使每個人獻身於對他最合宜的專門；工廠按照各部分底關係來聚合工人們成爲全體。……宅把權威底原理引進勞動裏面去。……但這不是全部；機器或工廠拿一個主人給工人來降低工人底品位之後，使工人從手藝人底地位降低到普通勞動者底地位來完成他底降低。……我們目前經過的時代，機器設備底時代，有一個特殊的性格來表明自己，就是工錢勞動。……工錢勞動比分工和交換出現得較遲些。』（第一卷，第一三五、一三六、一六一頁）

對蒲魯東先生只簡單地指出一點。把勞動底各部分分開，使每個人獻身於對他最合宜的專門——蒲魯東先生從世界底開始算起的這一個分開只出現在競爭底統治下面的近代工業裏面而已。

蒲魯東先生還進一步拿一個最『有趣的系統表』來給我們指示工廠從分工裏面和工錢勞動從工廠（制度）裏面怎樣發生出來。

一、他設想一個人『認識到把生產分割成宅底不同的諸部分並用一個單獨的工人來實行每一個部分之後』，諸生產力會倍加。

二、這個人『抓住了這個思想底線索，對自己說：倘他替自己親自決定的特

殊目的選擇一批工人，把他們組織成經常的集團，那末，他可以達到一個更加持久的生產，等等』。（第一卷，第一六一頁）

三、這個人向其他許多人提出一個建議，要他們抓住他底思想及其線索。

四、這個人當工業剛開始時用平等底名義對待他底同志們，後來他們變了他底工人們。

五、『在事實上很明顯，就是：這個原始的平等遇到了主人底有利的地位和工錢勞動者底從屬性，就不得不立刻消滅。』（第一卷，第一六三頁）

這裏我們又得到了蒲魯東先生底歷史的記述的方法底一個證明。

現在再從歷史的和經濟的觀點出發研究一番究竟工廠和機器是否在事實上採用這個權威底原理到這個社會裏來比分工還遲些；一方面工人還隸屬在權威下面，是否另一方面工人竟復原了；是否機器就是被分開了的勞動底再結合，勞動底綜合作爲反對着勞動底分析。

社會作爲全體也有它底分工，這和一個工廠底內部一樣。倘有人拿一個近代工廠底分工做例子，把它應用到一個全社會上去，假如這個社會只有一個獨一無二的企業家做領導人，他把種種業務按照預定的秩序分配給公社底不同的諸成員，那末，這個社會算得替它底財富底生產組織得最好無疑了。但在實際上决沒有這回事。固然在近代工廠內部分工由企業家底權威來調度到最瑣碎的東西爲止，但近代社會除了自由競爭之外不知道有其他任何規則，其他任何權威對勞動底分配。

在家長制度下面，在四姓制度下面，在封建制度和幫會制度下面，按照確定的諸規則整個社會曾有了分工。是不是這些規則由一個立法者來安排的？不是。最初從物質的生產底諸條件裏面發生了出來，直到後來這些規則才被提昇爲法律（規律）。這樣子，分工底這些不同的諸形態就變成了社會的諸組織底一樣多的基礎。至於工廠裏面那種分工，就很少很少會在上述一切社會諸形態裏面發展過。

下面一個事理可以當作一個一般的規則提出：對社會底分工越缺少權威站

在前面指導，那末在工廠裏面那種分工就越加發達並且這種分工在工廠裏面越受單獨一個人物所支配。這樣子，工廠內部的權威和社會內部的權威，關係到分工這一點，就站在相反的關係裏面，成爲反比例。

現在我們就應當看看究竟在什麼一種工廠裏面，諸業務被分割得很多，每個工人底任務被縮小到一個很簡單的動作，並且權威即資本組織着並指導着工作。這種工廠究竟是怎樣出現的？要答覆這個問題，就要研究一下原來那種作坊工業究竟是怎樣發展起來的。這裏我正說着那種工業，宅還不是近代工業，還沒有機器設備，但早已經不是中世紀手藝人底工業，也不是家內工業。我們不想講得太詳細，我們只提出幾個主要點來說明歷史不是用幾個公式來造成的。

對作坊工業底形成，最不可缺少的諸條件之一，就是由美洲底發見和美洲貴金屬底輸入歐洲❶所促成的資本底積纍。

交換手段底增加結果一方面工錢和地租不大値錢了而另一方面工業利潤生長了。換句話說，地主階級和工人階級，封建公侯和人民則下沉了，資本家階級，資產階級則高昇了。

另外還有一些情形同時助長了作坊工業底發展：自從貿易繞過好望角直達東印度㊁那時候起投到流通裏去的諸商品底增加；殖民地制度㊂；海洋貿易底發達。

另外還有一點至今在作坊工業底歷史上還沒有充分估價，就是封建公侯們底許許多多隨從們底解職，結果這些隨從們底下屬們在走進作坊之前都成了流浪

㊂ 哥崙布在一四九二年發見了美洲，這在歐洲底經濟生活上引起了莫大的變化。貿易諸路線底變化和橫渡大洋的貿易底建立使歐洲諸國和世界其他部分之間的聯系擴大了。而且在歐洲發生了由美洲輸入的金銀底迅速的積累。這又轉過來引起了商品價格底大增漲，這在封建經濟中有了瓦解的影響。這樣子，美洲底發見，和世界貿易底發達及諸價格底革命聯在一起促進了工業資本主義發展底先決諸條件底確立。——英文版註

㊁ 到印度去海道底這個發見是葡萄牙海員伐斯哥，達迦馬在一四九八年所幹的。這個發見對歐洲底經濟生活有一個革命的意義，像美洲底發見一樣偉大。它大大地刺戟了海外貿易底發達，而國際貿易，尤其殖民地貿易底發達，大大地加強了貿易資本底勢力。——英文版註

人。在這種過渡到工廠去的作坊被創設之先在十五和十六諸世紀中曾有過差不多普遍的流浪現象。此外，這種作坊發見了一個强大的依靠在許許多多農民裏面，他們因爲耕地變成牧場，又因爲農業底進步不需要很多手脚來耕地，因此他們就從鄉村被驅逐出來，成羣地到城市裏來，足足有兩個世紀之久。

市場底發達，資本底積累，諸階級底社會地位底改變，大批人手被剝奪了收入底來源，這一切對作坊底形成就是歷史的諸先存條件。決不像蒲魯東先生所說，平等者們之間友誼的諸合同就把人們聚集到作坊裏去。並且作坊並不產生在種種舊帮會底胎裏。並不是舊的帮會頭子，而是商人做了近代工廠底首腦。在作坊和手工業之間差不多到處都發生過殘酷的鬥爭。

㊂ 殖民地制度，在帝國主義以前的時代中，它底發展爲馬克思所叙述在『資本論』第一卷裏面，這個制度設立在十七世紀，當時歐洲諸國家在美洲非洲亞洲到處佔領諸民族底國土，把它們改成資本積果底源泉。這資本積果之成功乃因歐洲諸國特許諸獨佔專門從諸殖民地運進原料並運出國內工業品到諸殖民地去，這樣子來保護本國底工業，尤其因簡直就是掠奪，雖在課稅等等底掩蓋下面，也隱藏不了其實質。——英文版註

工具和工人底積累和聚集比作坊內部的分工發生在先。作坊底存在與其依靠把勞動分解開來並拿一個特殊的工人來適應一個很簡單的任務，倒反而更多依靠聚集許多工人和許多手工業在同一個地方上，在同一個房間裏在一個資本底命令下面。

作坊底用處在乎可以進行較大規模的勞動並節省許多不必要的浪費等等，倒不大在乎眞正的分工。在十六世紀末期和十七世紀初期，荷蘭作坊還不知道分工㊀。

分工底發展先要有工人們聚集在一個作坊裏面。無論十六世紀也好，十七世紀也好，找不出一個例子來證明當時同一種手工業底不同的諸部門曾分開經營到

㊀荷蘭在十六十七兩世紀中是歐洲底處於領導地位的諸國家之一。它把對印度、對美洲、對波羅的海諸國和地中海諸國之諸貿易統統聚集在自己手裏。荷蘭曾被稱爲『歐洲底銀行』等等。馬克思形容荷蘭爲十七世紀歐洲底典型的資本主義的民族。當時荷蘭不僅在對外貿易上而且也在生產上佔第一位。——英文版註

足够把宅們諸部門統一起來，聚在一個地方，以便立卽現成地創設起作坊來的程度。但一旦人們和工具都聚集在一處，於是，像幫會時代曾經存在過的那樣的分工又重新被生產出來並必然反映到作坊底內部去。

就算蒲魯東先生還看事物，他不過把事物看成顚倒而已：他認爲亞丹斯密所說的那種分工在作坊之先已經有了，其實作坊是那種分工得以出現的一個條件。眞正所謂機器在十八世紀底末期才出世。把機器認作分工底反措置，認作在四分五裂的勞動裏面恢復統一的綜合，這種看法，可笑之極，比宅更可笑的事體再也沒有了。

機器是勞動底諸器具底一個結合，决不是工人本身底諸勞作底結合。『倘因分工底結果，每個特殊的勞作被簡單化到使用一個簡單的器具，再把這一切器具連結起來，用一個單獨的引擎來使宅們運動，這就構成——一架機器。』（拔倍及：『機器和作坊底經濟』，倫敦，一八三二年出版）。簡單的工具；諸工具底積累；組成的諸工具；用一個單獨的手引擎即用人來使一個組成的工具運動起來；

用自然底諸力量來使這些組成的諸工具運動起來，諸機器；諸機器具有一個馬達的體系；諸機器具有一個自動馬達的體系——這就是機器設備底進步。

生產底諸器械底聚集和分工是不能互相分離的，好像在政治的領域裏面，公家的權力底集中和私人的利益底劃分也不能互相分離一樣。英國跟着土地底聚集，農業勞動底這個手段底聚集同時也有了農業勞動底分割以及應用機器到土地底開發上去。法國有細小的土地所有制度，農業勞動底這個手段（土地）被分割着，所以一般地既沒有農業勞動底分割，也沒有應用機器到土地上去。

蒲魯東先生認爲勞動底諸器械底聚集是分工底否定。在實際中我們又發見其相反。諸器械底聚集一發展，分工也會發展，倒過來也一樣。這就是爲什麼每次機械技術底大發明就會有大分工發生，而每一次分工底發達就會引起新發明的道理。

我們用不着回想英國在機器發明以後開始的分工底大進步。原來織布工人和紡紗工人大部分都是農民，他們在落後諸國裏面，現在還是這樣。機器底發明完成了作坊工業和農村工業底分離。織布人和紡紗人，以前，曾結合在一個家庭裏面，後來給機器分開了。因有了機器，紡紗人可以住在英國，而織布人同時住在東印度㊀。在機器被發明之前，一國底工業主要地用本國出產的原料來進行；在英國——羊毛，在德國——亞麻，在法國——絲和亞麻，在東印度和勒凡得——棉花等。因使用了機器和蒸氣，分工就能夠開展到下述諸規模，就是說，大工業解脫了本國國土底束縛。完全依靠世界市場，依靠國際的交換，依靠國際的分工了。一句話，機器對分工有極大影響，所以在某種東西底製造上，倘有一個辦法找到可以機械地生產出該種東西底諸部分，那末，作坊立即分裂成互相獨立的兩個經營。

㊀馬克思指點着十八世紀終末和十九世紀初起那個時期，當時紡紗機已經統治了棉花工業而織布機還沒有完成，不能驅逐手工織布人。在這個期間人家把棉花從印度運到英國來用機器製成紗線之後再把紗線運到印度去叫那裏手工織布人按照手工業底辦法來織成布匹。這一情形繼續到三十年代，這時機械的織布機出來代替印度手工織布人底勞動了。——英文版註

我們還用得着講蒲魯東先生在機器底發見和原始的應用裏面發見的天命的和仁愛的目的嗎？

當市場在英國發展到手工業已經再不能滿足市場底需要時，人家就感覺到需要機器了。於是，人家就想到應用機械的科學，這在十八世紀中已有相當發展。兒童用發動機來運轉的工廠底出現靠種種行爲，但沒有一個行爲是仁愛的。兒童們被人家用皮鞭來束縛在勞動上；他們成了買賣底對象；人家和孤兒院訂了合同。徒弟制度底一切法律被廢除了，因爲，用蒲魯東先生底用語來講，人家再也用不着綜合的工人們了。結局，從一八二五年以後，差不多一切新發明都是工人和傭主——他企圖用盡一切方法減低工人底專門技能——之間衝突底結果。在每一次多少重要的新的罷工之後，就出現一種新機器。實在，工人在機器底應用中看不出任何恢復或復原——如同蒲魯東先生所說那樣——因而在十八世紀中有一個很長的時期，他站起來反抗了自動裝置底正在確立的統治。

『淮德早在亞克萊茨以前——佑亞博士說——就發見了人造的紡紗手指（有

三道溝劃在上面的圓棒）。我看，主要的困難並不在一個自動機械裝置底發明上。……困難尤其在訓練上面，要訓練人們放棄他們不規則的勞動習慣並和一架自動的大機器底運動底始終如一的規則性一致就困難多了。但要發明並執行工廠訓練底一個有效的法典，適合於快速的自動裝置底諸需要，這是非常費力的事業，亞克萊茨底全部成就就在這裏。』（佑亞：『工業底哲學』，第一卷，第一五與一六頁）

一句話，自從採用了機器以後，社會內部的分工長大了，工廠內部工人底任務簡單化了，資本聚集起來了，人類就越弄越被宰割成碎片細塊了。

當蒲魯東先生想做一個經濟學家並暫時拋棄『諸觀念按照理性底秩序來發展』時，他就求教亞丹斯密，他那時，自動工廠還剛剛出現。其實，亞丹斯密那時的分工和今天我們在自動工廠裏面看到的分工之間有何等不同的距離！要弄清楚這點，我們只要從佑亞博士底『工業底哲學』裏面引用幾行就够了。

『當亞丹斯密關於政治經濟學底諸要素寫出不朽的著作來那個時候，自動機器還差不多沒有人知道。他當然只好把分工作爲作坊改進底大原理看。他在製造鐵針底例子裏面指出怎樣每一個手工業者因此時能够專門從事完成同一個小小的工作，而變成一個更快而更價廉的工人。在作坊底每一部門裏面，他看到下述一事，就是：按照分工原理，有些工作部分，如把做針的鐵絲切成一樣長短是容易做的，而另外有些部分，如製造並裝置針屁股是比較難做的；因此他斷定一個工人對每個工作部分有適應的用處而工錢也就自然有一定的配合。這個適應就形成分工底實質。……但在斯密博士底時代可以當作恰當的例子來用的東西，今天使用起來就有危險引導公衆誤解工廠工業底實際的原理。在實際上，分工寧可說是使工作配合人底各種不同的才能而已，但在自動工廠裏面就行不通，所以不考慮這件事體。相反，無論什麼地方，只要有一個過程要求高度的熟練和準確，就儘可能不給太熟練的並且往往容易犯各種不規則動作的工人來做，却另外用一個特殊的機械運動來代替，它自己調整自己底運動，調整得很好，連一個小孩子都能够監視它。……」

『自動裝置底原理就在於用機械的科學來代替手藝，並且把一個過程分解成構成的諸部分來代替手工業者們中間的分工即把勞動分成許多階梯。照手工業底計劃，或多或少熟練的勞動是生產底最貴重的要素；但照自動工廠底計劃，熟練勞動逐漸被而且一定被機器底單單看守人們所代替。』

『因爲人類底天性有弱點，所以工人越熟練就越加自作主意並越加容易變成難於對付，因此就越加不適合一個機械的體系，在這個體系裏面，只要有一點不規則舉動，就會對全體作出巨大的損害來。所以，現代工廠主底大任務就是通過科學和資本底結合來縮減工人們底任務到僅僅使用他們底注意和敏捷而已，這兩種能力，在年輕時代很容易造就，**倘工人們都專門做一個工作**。』

『按照勞動階梯制度，一個人必須做徒弟學習幾年，直到眼睛和手臂都足够熟練來造成某些工藝品爲止。但把一個過程分解成構成的諸部分而且把每一部分都體現在一架自動的機器裏面，使宅來進行這某一部分底工作，按照這個制度來辦事，那末，只要一個人有普通的注意和能力，經過一番短促的試驗期間，就可以把上述諸部分底任何一個工作交給他去做，並且逼不得已的時候，廠主（經營底指導人）可以隨意把這個人從這種機器上調動到另一種機器上去。這種人員調動完全和分工底舊習慣相反，這個習慣使某一個工人固定在做針屁股上面，使另外一個工人固定在磨針尖上面，這種千篇一律單調不堪的工作會使工人底精神一生一世萎靡不振。……但按照自動機器底均一化原理，工人只要敎他底諸能力受一種合宜的操練而已。』

『因爲他底業務就是看守住一個調整得好好的機械運動底工作，所以他能夠在短期間學會；又假如他從這種機器調動到別種機器上去服務，那末，他底活動變化了並且有機會考慮那些從他本人底和工友們底諸勞動裏面發生的一般的諸配合而擴大眼界。所以，把束縛能力，弄偏思想，妨礙肉體底發展等等歸罪於分工，並非沒有理由；在勞動底均一分配制度裏面在普通情形下面就不會發生那些事體。』

『實在，技術底一切改進，有一個不變的目的和傾向，就是要做到儘量不用人的勞動，換句話說，就是用婦女和兒童底勞動來代替成年男子底勞動，或用普通工人們底勞動來代替熟練的手藝人底勞動，以減少人的勞動底費用。單用兒童們底小心的眼睛和靈敏的手指來代替那些有長期經驗的手藝人們底勞動，這個傾向表明那把勞動分成種種熟練程度的分工底經院敎條已被我們底聰明的廠主們拒絕了。』（佑亞．安特留：『工業底哲學』，第一卷第一章，第十八——二三頁）

在近代社會裏面，什麼東西標明分工底特點呢？就是分工產生着專門化了的諸職務，諸專門家和專家底痴呆。

勒蒙戴曾說：『我們看到古人裏面同一人物同時以哲學家、詩人、雄辯家、歷史家、敎士、行政家、將軍著名於世，異乎尋常，不勝仰慕。我們底靈魂遇見這樣廣汎的方面不免畏縮。我們每個人打起自己底籬笆來把自己圍在裏面。我不知道這樣細密分割之後，活動領域是不是會擴大，但我確實知道人類被縮小了。』

在自動工廠裏面，什麼東西標明分工底特點呢？就是在這裏勞動完全失掉了專門的性格。但一旦每個特殊的發展停止了，人家就開始感到向普遍性，向個人底多方面發展的需要和努力。自動工廠消除着專門家們和專家底痴呆。

蒲魯東先生連自動工廠底這一個革命的方面都不懂，倒退一步，向工人提議，要他不僅做一隻鐵針底第十二個部分，而且連續做完鐵針底十二個部分。這樣子，工人據說就可以得到這隻鐵針底知識和意識。這就是蒲魯東先生底綜合的勞動。誰也不會力爭說，做一次前進運動再做一次倒退運動也可以做成一個綜合的運動。

總而言之，蒲魯東先生沒有超過小資產者底理想。並且要實現這個理想，除了把我們拉到中世紀底手藝人或手藝人底師父那裏去之外，他想不出更好的辦法來。他在他底著作底某一處說過：只要一生一世，做出一個傑作來，感覺到自己做了一個人就够了。難道這無論在形式上或在內容上還不是中世紀底幫會所要求的傑作嗎？

第三節　競爭和獨佔

競爭底好的方面——『競爭像分工一樣是勞動所不可缺少的部分。……競爭對於平等底引起是必要的。』(第一卷，第一八六、一八八頁)

競爭底壞的方面——『這個原理就是自己本身底否定。它底最可靠的結果就是毀滅它親自奪到的東西。』(第一卷，第一八五頁)

一般的反省——『跟在它背後發生的許多害處，正像它親自產生的好處一樣……雙方都在邏輯上從這個原理裏面發生出來。』(第一卷，第一八五與一八六頁)

應當解決的問題——『要找到下述這樣調整底原理，它必須是從一個比自由本身更高的規律裏面引導出來的。』(第一卷，第一八五頁)
變調：『因此，問題不可能是毀滅競爭，競爭像自由一樣是不可能毀滅的一件東西；我們只好找出競爭底均衡(對消品)來，也可以說就是競爭底警察。』(第一卷，第二二三頁)

蒲魯東先生開始就擁護競爭底永遠的必要，反對那些想用競賽來代替競爭的人們——傅立葉主義者們。（恩格斯註）

沒有一個『競賽沒有目的』並且『每種熱心底對象必定適合着熱心本身——婦女對求愛者、權力對野心家、黃金對守財奴、月桂冠對詩人，——工業的競賽必然是利潤。競賽不外就是競爭本身』。（第一卷，第一八七頁）

競爭是競賽以利潤爲目標。是不是工業的競賽必須以利潤爲目標，即必須是競爭呢？蒲魯東先生主張了這事，就算證明了這事。我們已經知道在他心目中主張就是證明，正好像假定就是否定一樣。

假如求愛者底直接對象是婦女，那末，工業的競賽底直接對象是生產物而不是利潤。

競爭不是工業的競賽，而是商業的競賽。在我們這時代裏面，工業的競賽只發生在商業底目標下面。在近代諸民族底經濟生活裏面，甚而有許多時會，舉世若狂地只想抓利潤，不想生產。這種投機狂熱，周期地發生，把競爭——想逃避

—208—

工業的競賽底必要條件的競爭底眞相揭露無遺。

假若有人對十四世紀底一個手藝人說，應當廢除工業底諸特權和整個封建組織，以便建立工業的競賽叫作競爭，那末，這位手藝人就會答覆道：各種幫會、行會、和弟兄生產團體底諸特權就是組織了的競爭。當蒲魯東先生主張『競賽不外就是競爭本身』時，他沒有比這段對話表達得更好些。

『假如下一個命令說從一八四七年一月一日起保證每一個人都有工作和工錢，那末，立即會有一個莫大的收獲跟着工業底高度的緊張。』（第一卷，一八九頁）

現在蒲魯東先生連預先設定（假定）、肯定和否定都不用了，現在他頒佈一個命令，企圖證明競爭底必要，競爭底永遠性作爲一個範疇等等了。

假若有人以爲只要頒佈幾道命令就可以脫離競爭，那末，他永生永世都脫離不了競爭。假若他還進一步，提議廢除競爭而把工錢原封不動地保存下來，那末，他不過提議用法令來做無聊事而已。但諸民族底發展並不靠帝王底命令。在

— 209 —

諸民族製造這些法規之前，他們至少必須從頭到尾改變他們底工業的和政治的生活條件，結局改變他們底整個生存方式。

蒲魯東先生會拿他底沒有愧色的泰然自若來答覆道：這就是『沒有歷史的先行諸條件就改變我們底本性』的一個假定，又說道：他有權利——但不知根據那一道聖旨——『把我們驅逐到討論之外去』。

蒲魯東先生不懂得整個歷史只是人類的本性底一個繼續不斷的改變而已。

『根據事實吧。法蘭西革命是爲了工業的自由也爲了政治的自由而幹起來的；並且儘管一七八九年當時，法蘭西還沒有認識到它希望實現的那個原理底一切結果，但我們大聲宣佈法蘭西無論在願望中或在期待中也好都沒有受騙。誰要否定這點，他就失去批評底權利。我不願和一個把二千五百萬人底天然錯誤當作原理的論敵來爭論。……假如競爭不是社會經濟底一個原理，命運之神底一個命令，人類的靈魂底一個必要，那末，爲什麼人家竟想到廢除行會、幫會和弟兄生產團體，而不想到恢復這一切呢？』（第一卷，第一九一和一九二頁）

這樣說來，那末，因爲十八世紀底法蘭西人不加以改造就廢除了行會、幫會和弟兄生產團體，所以，十九世紀底法蘭西人就該改造競爭，而不加以廢除。因爲競爭在十八世紀的法國當作歷史的諸需要底歸結達到了統治地位，所以在十九世紀就不該根據另外一些歷史的需要來除掉這種競爭。蒲魯東先生不懂得競爭底出現和十八世紀底人類底現實的發展有密切聯系，竟把競爭弄成在不信神的世界裏面人類的靈魂底必要了。眞不知道他要把法國大丞相哥爾倍當作十七世紀底什麼東西？

革命以後出現了現在的實際情形。從這實情裏面，蒲魯東先生照樣檢出了一些事實來表明競爭底永遠性，因爲他證明那一切凡競爭底範疇還沒有在其中充分發展的實業如農業，還處在低級的落後的狀態裏面。

說有些實業還沒有達到競爭底高度，說另外還有些實業還在資產者的生產底水準以下，這都是無稽之談，一點也證明不了競爭底永遠性。

蒲魯東先生底整個邏輯可以總結成下述這樣：競爭是一個社會的關係，在這裏面，我們底諸生產力現在被發展着。對這個眞理，他實在沒有一點辦法在邏輯上展開宅，當他說競爭是工業的競賽，自由底今天的風尙，在勞動裏面的責任，價値底構成，到達平等的一個條件，社會經濟底一個原理，運命之神底一個命令，人類的靈魂底一個必要，永遠正義底一個靈感，在劃分裏面的自由，在自由裏面的劃分，一個經濟的範疇等等時，他只拿出一些形式來而已，尤其這些形式往往非常機巧。

『競爭和合夥互相維持着。宅們决不會互相排擠，也不會互相背反。無論誰，一說起競爭，就預先設定着一個共同目的。因此競爭不是利己主義，所以，社會主義底最値得指責的錯誤就是在競爭裏面看到了社會底要被推翻。』（第一卷，第二二三頁）

無論誰，一說起競爭就說起共同目的，並且這證明一方面競爭是合夥；另一方面競爭不是利己主義。那末無論誰一說起利己主義，難道不就說起了共同目的嗎？任何利己主義都在社會裏面活動着並且利用着社會。所以，利己主義預先設定着社會，換句話說，它預先設定着共同的諸目的，共同的諸需要，生產底共同的諸手段等等。那末，社會主義者們所說的競爭和合夥從來沒有分開過，這個事實難道是單單的偶然嗎？

社會主義者們很知道今天的社會建築在競爭上面。他們自己願意推翻今天的社會，他們怎麼能指責競爭，說它推翻今天的社會呢？並且他們知道在將來的社會裏面相反地競爭被推翻了，他們怎麼能指責競爭，說它要推翻將來的社會呢？

後來，蒲魯東先生說競爭是獨佔底對立，因此不可能是合夥底對立。

封建主義從開始起就和家長式君主制對立；但它沒有和那還沒有出現的競爭對立。難道這就可以說競爭不和封建主義對立嗎？

其實，社會、合夥是兩個名稱，拿給任何社會都可以，拿給封建社會也可以，拿給那建築在競爭上面的資產者社會也可以。可見，怎麼能有那些社會主義者們，以為單單用合夥一句話就可以拒絕競爭呢？並且蒲魯東先生本人單單用合夥一句話來表明競爭，怎麼能希望做到擁護競爭，反對社會主義呢？

—213—

至今我們所說的一切，照蒲魯東先生底了解就是競爭底美麗的方面。現在，讓我們走到競爭底醜惡的方面，否定的方面，宅底諸害處，破壞的推翻的諸要素，宅底危害的諸性質那方面去吧。

關於這方面，蒲魯東先生所描的圖畫是完全陰沉的。

競爭產生着貧困，釀成着內戰，『改變着自然的境地』，攪混着諸國籍，破壞着諸家庭，腐化着公德心，推翻着道德、『正義、公平底諸觀念』，並且，更壞的就是競爭破壞着誠實的、自由的貿易，甚而連綜合的價值，固定的、誠實的價格也不給一點作爲補償。競爭使每個人，甚而使經濟學家們都失望。宅把諸事物推向前進直到宅們破壞自己本身爲止。

從蒲魯東先生關於競爭所講的一切害處看來，那末，對資產者社會底諸關係、諸原理和諸幻想，比競爭更破壞的要素還有嗎？

必須好好記住：競爭越是刺戟新的諸生產力即一個新社會底物質的諸條件底熱烈的創造，就對資產者的諸關係越加變成破壞的。至少在這點上，競爭底壞的方面也有宅底好處。

『照競爭底起源來把競爭當作經濟的位置或階段看，競爭是一般的生產費節省底理論底……必然的結果。』（第一卷，第二三五頁）

對蒲魯東先生，好像血液底循環是哈維底理論底結果。

『獨佔是競爭底必然的完結，競爭經過宅自己本身底一個繼續的否定就產生獨佔。獨佔底這個產生本身就證明宅底正當性。……獨佔是競爭底自然的對立……但一旦競爭成爲必要，宅就含有獨佔底思想，因爲獨佔可以說就是每個競爭的個人底座位。』（第一卷，第二三六與二三七頁）

我們和蒲魯東先生一起高興他至少有一次能夠恰當地應用他底公式到措置和反措置上去。誰都知道現代的獨佔是經過競爭本身才產生的。

一牽涉到內容，蒲魯東先生就要依靠詩人的想像。競爭『把勞動底每個下級劃分（下級分工）弄成最高權一樣，在那裏面每一個人保持他底力量和獨立性』。獨佔是『每個競爭的個人底座位』。最高權至少像座位一樣有價值。

蒲魯東先生除了由競爭所產生的現代的獨佔之外沒有說什麼。但是我們大家知道競爭是由封建的獨佔所產生的。這樣，競爭原來是獨佔底對立（反面），並非獨佔是競爭底對立（反面）。所以，現代的獨佔不是一個簡單的反措置，它倒是眞正的合同措置（綜合）。

措置：封建的獨佔，在競爭之前。

反措置：競爭。

合同措置（綜合）：現代的獨佔，只要它預定着競爭底統治，它就是封建的獨佔底否定，又只要它是獨佔，它就是競爭底否定。

這樣子，現代的獨佔即資產者的獨佔是綜合的獨佔，否定底否定，諸對立底統一。它是在純粹的、正常的、合理的狀態裏面的獨佔。

當蒲魯東先生把資產者的獨佔改成獨佔，改成粗陋的原始的矛盾的痙攣的狀態時，他就和他自己底哲學矛盾起來。蒲魯東先生曾關於獨佔問題屢次引用過羅西先生，他關於資產者的獨佔好像有更好的了解。在他底政治經濟學教程裏面，他區別着人工的諸獨佔和自然的諸獨佔。他說，封建的獨佔是人工的，是任性任意的；資產者的獨佔是自然的，是合理的。

蒲魯東先生推論着：獨佔是一個好東西，因爲宅是一個經濟的範疇，『人類底非個人的理性』底顯現。競爭也是一個好東西，因爲宅也是一個經濟的範疇。但什麼是不好的呢？就是獨佔底實際和競爭底實際。更壞的是什麼呢？就是競爭和獨佔互相蠶食浸蝕着。該怎麼辦呢？要追求這兩個永遠的觀念底綜合，宅從預想不到的時候起就安居在上帝底胸懷裏，要從這胸懷裏把宅拉出來。

在生活底經驗裏面，我們不單發見競爭、獨佔以及宅們底矛盾，而且也發見宅們底綜合，宅不僅是一個公式，而且是一個運動。獨佔產生着競爭，競爭產生着獨佔。獨佔者們互相幹着競爭，競爭者們自己變成獨佔者們。倘獨佔者們相互間用部分的合夥來限制競爭，那末在工人們中間競爭就會生長起來；並且越是無產者們底羣衆在一個民族底獨佔者們對面生長起來，則各種不同諸民族底獨佔者們中間的競爭就越加無法駕御。這個綜合就有下述性格，就是：獨佔只有不斷加入競爭底鬥爭中去才維持得了自己。

想辯證地過渡到那跟着獨佔而來的諸捐稅上去，蒲魯東先生把社會底天才底故事告訴我們：他這位社會底天才大胆地走了迂迴曲折的道路，『不後悔，不躊躇，以確實的步伐，達到獨佔底尖角之後，就用憂愁的眼光向後一望。又沉思熟慮了一番之後，就在生產底一切對象上面附加了捐稅並且創造了一個整個行政的機構，以便拿一切業務和地位給無產階級並由獨佔底人們來付工錢』。（第一卷，第二八四與二八五頁）

對這位不吃朝飯就在歧路上彷徨的天才，我們還有什麼可說呢？這種彷徨歧路除了想用捐稅去消滅資產者們之外，沒有其他任何目的，其實恰恰就是這些捐稅有下述目的：替資產者們想出辦法來幫他們主張自己是統治階級；對這種彷徨歧路，我們還有什麼可說呢？

若要表明蒲魯東先生怎樣處理經濟的細目，只要指出下述一事就夠了：據他說，消費稅之創設是爲了平等底利益並且爲了使無產階級得到救濟。

消費稅自從資產階級勝利才有了完全的發展。在工業資本即從直接剝削勞動來維持自己，再生產自己並養大自己的，所謂勤儉克己的財富底手裏，消費稅曾是一個剝削的手段，剝削着那批只消費不做事的大地主們底來得輕易的奢侈揮霍的財富。斯丟亞脫·詹姆士把消費稅底原來的目的敘述得很淸楚在他底比亞丹斯密早十年出版的『政治經濟學諸原理之硏究』裏面。

他說：『在純粹的君主國裏面，君侯們在某些關係上妬忌着財富底生長，所以創設種種捐稅加到發了財的人們身上去，加到生產上去——生產稅。在立憲的受限制的政府下面，諸捐稅主要地落在變窮的那批人身上，落在消費上——消費稅。

這樣子，國君們課加捐稅到工業上去……例如人頭稅和財產稅，稅率以各人憑自己職業預料可能得到的收入爲比例。每人都應納稅，以估量的所得爲標準。在立憲的受限制的諸政府下面，課稅一般地更多放在消費上。』（斯丟亞脫·詹姆士，第二卷，第二四、二五頁，倫敦，一八〇五年。）

— 219 —

關係到——在蒲魯東先生底頭腦裏面——信用、貿易平衡、捐稅底邏輯的連續，我們只註明下述一事就算了，就是：英國資產階級在奥蘭奇公威廉治世下面得到了宅底政治的地位，一旦宅能夠自由發展宅底生存底諸條件時，宅立即創設了一個新的捐稅制度即公債和保護關稅制度。

這個簡單的總結足夠使讀者得到一個正確的觀念，可以了解蒲魯東先生關於警察或捐稅、貿易平衡、信用、共產主義和人口的深思熟慮。假如有一種批評——就算是最寬大的批評也好——能夠認眞探討那些關於捐稅、貿易平衡、信用、共產主義、人口的諸章，那我們倒願意看看這種批評❶。

第四節　土地所有權或地租

在各個歷史的時代裏面，所有權有不同的發展而且在完全不同的社會諸關係

❶ 暗指這種批評已失去批評底資格。

下面發展着。所以，要確定資產者的所有權不外就是要表明資產者的生產底一切社會關係。

想把所有權確定爲一個獨立的關係，一個特殊的範疇，一個抽象而永遠的觀念，這只能是形而上學者或法學家底一個幻想。

蒲魯東先生在表面上好像一般地講着所有權，其實只不過處理着土地所有權或地租而已。

『土地所有權底起源可以說是在經濟以外的：它以心理的道德的諸考慮爲根據，這些考慮和財富底生產只有很遠的關係而已。』（第二卷，第二六五頁）

這樣一說，蒲魯東先生就宣佈自己不能理解土地所有權和地租底起源。他承認這種無能逼他求助於心理的道德的諸考慮，雖然這些考慮在事實上『和財富底生產只有很遠的關係』，但和他底歷史的眼界底狹窄有密切的關係。蒲魯東先生主張土地所有權底起源含有某種神秘的和奇怪的東西在內。那末，認定在土地所有權底起源裏面有神秘——這就是說，把生產本身和生產底諸手段底分配之間的關係弄成一個神秘——難道這不算，用蒲魯東先生底話來說，拒絕經濟科學有任何權利主張嗎？

蒲魯東先生『限定自己，只想起在經濟發展底第七個時期裏面，在信用底時期裏面，在虛擬已使現實消滅、人的活動有危險喪失自己在空虛中的時期裏面，就有了必要把人類更加緊緊地束縛在自然上：於是，地租就成了對這新契約的代價』。（第二卷，第二六九頁）

有四十兩銀子的一個人預感到將來有一位蒲魯東先生要來：『請允許我說，創世主：誰都是主人在自己底世界裏面；但您從來沒有讓我相信我們所住的這個世界是用玻璃造成的。』在您底世界裏面信用會是喪失自己在空虛中的一個手段，在您底這樣一個世界裏面很有可能必須土地所有權來把人類束縛在自然上。在現實的生產底世界裏面，土地所有權經常發生在信用以前，所以蒲魯東先生底空虛底恐怖不會發生。

不管地租底起源究竟怎樣，一旦承認了地租底存在，它就變成佃戶和地主之間對抗交涉底對象。種種交涉底最後結果是什麼，換句話說，地租底平均額是什麼東西？聽聽蒲魯東先生怎麼說吧：

『李嘉圖底理論答覆了這個問題。當社會剛開始那時候，人類在地球上是一個新客，面前只有巨大的森林，當土地還沒有限制，工業剛在開始那時，地租一定不會有。土地，還沒有用勞動去加以改造，曾是使用底對象，但不是交換價值，曾是公共的，但不是社會的。因家族數底增加和農業底進步，土地底價格才逐漸使人家感覺到。勞動使土地得到它底價值，於是，發生了地租。一塊地用同一分量底勞動能夠得到更多的收獲，它底價值就越高；因此，地主底努力就是除去佃戶底報酬卽除去生產費之外，要把土地底收獲全部收歸己有。這樣子，所有權就跟在勞動背後，從勞動底手裏奪取除去實際的生產費用以外的一切生產物。因爲所有權者完成着一個神秘的任務，並在佃戶面前代表着公家，所以佃戶在上帝底諸規定中不過是一個義務勞動者，他若得到比法定的報酬更多，無論什麼，他必須向社會辯明。……所以按實質和本份來講，地租是可以配分的正義底一個工具，成千手段之一，爲經濟底天才所使用，以便達到平等。那是由佃戶和地主對抗起來造成的一大本清册，在這裏每個衝突都得到了抵消在一個更高的利益裏面，而且其最後結果將是土地佔有底平均在土地開拓者們和工業家們中間。……要從這佃戶手中奪取生產物底盈餘額——他不能不把這盈餘額當作自己的看，並且把自己當作該盈餘額底別人不算在內的原手製作者——沒有別的辦法，只有這所有權底魔術是不可少的。地租或——說得更妥當些——土地所有權破壞了農業的利己主義，創始了一個休戚相關，任何權力，任何土地分割曾沒有可能引起這個休戚相關。……現在，土地所有權底道德的效果已經收到，還有地租底配分應該完成。』（第一卷，第二七〇與二七二頁）

這些詞句底騷動，總括起來不外就是下述這樣：李嘉圖說，農業生產物底價格除去生產費還有多的盈餘，包括資本底普通利潤和利息在內，提供着地租底尺度㊀。蒲魯東先生做得更妙；他把地主當作用機器裝成的神仙一樣揷進來，從佃戶㊁手裏奪去他底生產除去生產費還有多的全部盈餘。他設法把地主揷進來說明土地所有權，把收租人插進來說明地租。他底答覆問題，只不過把同一個問題排列一番多加幾個發音符號而已。

還有一點要注意，當蒲魯東先生用土地底收獲底大小差別來確定地租時，他提出了一個新的起源給地租，因為土地在他用收獲底大小差別來估價之前，照他所說那樣，還『不是交換價值，不過曾是公共的』而已。這一個新的起源對前面說過的那個虛擬——說因為人類有危險喪失自己在空虛底無限者裏面，故有必要

(一) 李嘉圖底地租理論只承認差額地租，這個名辭用來表明農產物底個人的費用和社會所必要的費用之間的差別，這一差別是在各種土質底肥沃性上，在接近市場的方便上，在耕種底集約程度上有變化，當作這個變化底結果才發生的。照李嘉圖說，全部差額地租落在地主手裏。李嘉圖雖犯了顯著的錯誤（如否定絕對地租，又如收獲遞減論），但差額地租底理論是經濟學家們大多數接受的。馬克思引導了重要的諸修正到這一理論中去並且也拿出了絕對地租底理論基礎來。——英文版註

(二) 佃戶——移來的世襲耕戶，原名 Colonus 本是第三世紀到第六世紀在羅馬帝國領內拿給耕地人的一個名稱。這名稱包含一種封建束縛，在這個束縛下面這種耕地人還保有某些權利維持人身的自由。——英文版註

把人類領回到地球上來，地租就是從這個必要裏面發生出來的——對這個虛擬，究竟是什麼一回事呢？

蒲魯東先生那樣細心地把李嘉圖底學說發展到這天命的、譬喻的和神秘的說法裏面去，我們把它解放出來吧。

地租，照李嘉圖底意思，就是土地所有權有了資產者的形狀，就是說：封建的所有權服從了資產者的生產底諸條件。我們曾看到一切東西底價格，照李嘉圖底學說，結局由生產費包括工業利潤在內來決定，換句話說，由被使用的勞動時間來決定。在作坊工業裏面，假如最便宜而最收效的勞動手段可以無限增加又假如自由競爭對同種類底一切生產物，必然引起一個市場價格即一個公共的價格，那末，用勞動底最小量來造成的生產物底價格決定着同種類底一切其他諸商品底價格。

在農業生產裏面，相反地，用勞動底最大量來造成的生產物底價格決定着同種類底一切生產物底價格。第一，因爲人家不能像作坊工業那樣隨意增加有同等生產性的生產手段卽有同等豐饒性的地面。於是跟着人口底增加人家就開始耕種那品質低劣的土地，或者在同一地面上重新投放那比最初投放的資本收益較少的資本下去。這兩種辦法都要使用較大的勞動來得到較少的生產物。因爲人口底需要不增加勞動不行，所以用更大的費用來耕種的土地底生產物同那用較少的費用來經營的土地底生產物一樣有銷路。因爲競爭平均化着市場價格，所以，較好的土地底生產物可以得到同較壞的土地底生產物一樣高的報償。較好的土地底生產物底價格除去生產費還有多的盈餘就形成地租。假如人家經常隨心所欲地得到有同等豐饒性的地面；假如人家像在工廠工業裏面一樣經常可以依靠最便宜而最收效的機器，或者假如第二次投放的資本同第一次投放的資本底收益一樣多，那末農業生產物底價格就會像前述工業生產物底價格一樣，由那用最好的生產手段來生產的諸商品底價格來決定。但從這瞬間起，地租也就會消滅。

若要李嘉圖底學說成爲一般有效，那末，必須一切實業部門向資本開放，讓它自由投放；必須在資本家們中間有高度發展的競爭使諸利潤達到一個同等的水平；必須農業家變成不外就是一個工業資本家，替自己使用到土地上去的資本主張一個平等的卽假如把他底資本投放到任何一種工業部門裏面去都可以得到的利潤；必須農業經濟也照大工業底制度來經營；最後必須地主本人除了貨幣收入之外，再沒有其他目的。

像在愛爾蘭那樣，儘管租佃制度發達到最高度，但地租㊀還一點也沒有發生。因爲地租是不僅除去勞動底報酬而且也除去資本利潤之後的盈餘額，倘地主底收入只是從勞動底報酬裏面尅扣得來的，那末，地租不可能出現。

這樣子，地租並不把土地開拓者，並不把佃戶改成單單的勞動者而『從這佃戶手裏奪取這佃戶不能不當作自己的生產物底盈餘額』，並不把奴隸、農奴、貢

㊀ 在十九世紀前半期中愛爾蘭還沒有資本主義地租，因愛爾蘭人底農業那時還保持了半封建的性格，還不是資本主義的。愛爾蘭農民租了那種土地親自動手耕種，不雇用補助勞動力。跟着資本主義發展到農業中去，這種情形就改變了，資本主義的農業家出來佔取封建農民底地位了。

——英文版註

賦獻納人、耕田人（受苦人），而把那利用工錢勞動者來開拓土地並只把除去生產費和資本利潤還有多的盈餘額當作地租付給地主的實業資本家們擺在地主對面。

這樣子，到實業資本家出來代替封建佃戶爲止，實在花了很久的時間。例如在德國，這個轉換要到十八世紀最後三分之一的期間內才開始。只有在英國，這在實業資本家和地主之間的關係曾有充分的發展❶。

只要單有蒲魯東先生底**佃戶**（移來的世襲耕戶），那就不曾有地租。當地租一出現，佃戶已經不是租地人，而是勞動者即租地人底佃戶。耕地人底地位降低到一個替實業資本家工作的單單的工人，日工，靠工錢過活的人；實業資本家們底出現，像經營工業一樣來經營農業；地主由一個小皇帝變成一個普通的放款人：這些是由地租來表現的不同的諸關係。

---

❶ 英德二國資本主義農業是由農民轉變成資本主義的農業經營者即雇用勞動者的農業家來發展起來的，在英國，這個過程早在十四世紀已經開始而完成在十八世紀中。在德國，資本主義農業只在十八世紀終末才發展起來。——英文版註

照李嘉圖底意思，地租就是家長式的土地經濟變成商務的實業，就是把工業資本應用到土地上去，就是城市資產階級移植到鄉村中去。地租並不把人類束縛在自然上，不過把土地底開拓束縛在競爭上而已。一旦被構成為地租，土地佔有權本身就是競爭底結果，因為土地佔有權從這時候起就依賴着農產物底市場價值。作為地租，土地所有權，就動產化了，並變成了商業底一個物件。從城市工業發達起來，並因此發生的社會組織强迫地主只期望商業利潤，期望他底農產物底貨幣利得，結局只把他底土地所有權當作賺錢的機器看那時起，地租才成為可能。地租這樣完全把地主和土地分開，和自然分開，甚而至於像在英國可以看得到那樣，用不着知道自己底地產。講到租地人，工業資本家和農業勞動者：他們已經不被束縛在他們所經營的土地上，正像企業家和工人在工業裏面不被束縛在他們所加工的棉花或羊毛上一樣。他們除了覺得自己被束縛在生產底報酬上面，被束縛在貨幣利得上面之外，什麼束縛也不感覺。從這裏就產生反動派底悲歌，他們從靈魂深處喊出回到封建主義，美善的家長制的生活，祖先們底純樸的風尙和偉大的道德那裏去。土地服從了那統制一切其他實業的規律，這就是引起關心的悲嘆底主題。因此，可以說，地租成了這個原動力，它把那讚美自然生活的歌謠投到歷史底運動裏去了。

李嘉圖預先設定了資產者的生產作爲確定地租時必要的東西，又不問情由地把地租底觀念應用到一切時代和一切國度底土地所有權上去。這就是把資產的生產諸關係當作永遠的範疇看的一切經濟學家們通有的一個錯誤。

蒲魯東先生認爲地租底天命的目的就是要把移來的世襲耕戶改成負責的工人，從地租底天命的目的，他轉變到按照平等底原理來分配地租。

我們曾經看到，地租乃由肥沃不等的諸地面底諸生產物底相等的價格來造成，所以，倘在劣等土地上一斗小麥底生產費到了譬如十塊錢，那末，原來只花費了五塊錢的一斗小麥能賣得到十塊。

假如，慾望增加到不得不買完一切拿到市場上來的農產品，那末，市場價格會由最貴的生產物底費用來決定。這樣子從競爭中，並不從諸地面底不同的肥沃性中發生的價格底平均化保證優等土地底佔有人從他底租地人手裏得到每斗五塊錢地租。

暫時假定小麥底價格乃由宅底生產所必要的勞動時間來決定，那末，從優等土地上得到的一斗小麥就馬上只好賣成五塊錢，反而從劣等土地上得到的一斗小麥倒可以索價十塊錢了。如果承認這個假定，那末，平均的市場價格就是七塊半，但依照競爭底規律就是十塊。假如平均價格是七塊半，那就簡直談不到分配了，無論平均的分配也好，或另外一種分配也好，都談不上了，因爲從那裏面拿不出什麼地租來了。只有生產者費了五塊錢生產一斗小麥能夠賣成十塊那時候，才拿得出地租來。蒲魯東先生用不等的生產費來假定市場價格底平等，想達到不平等底生產物底平等的分配。

我們懂得穆勒、塞昆利埃、希爾提去及其他諸經濟學家們曾提出過下面這樣的要求，說地租應交給國家，以便代替捐稅。這是工業資本家，對地主，懷抱的仇恨底率直的表現，因爲在工業資本家底心目中，地主是無用之長物，是在資產者的生產底全般機構裏面一個累贅。

不過，初起把一斗小麥底價格弄成十塊錢，然後，把那從消費者手中多拿的五塊錢來普遍分配給大家，這件事體實在對社會的天才是一個充分的理由，要他憂悶地奔走在歧路上並把自己底頭撞到某一尖角上去。

在蒲魯東先生底手筆下，地租變成了『由佃戶和地主對抗起來造成的一大本土地清冊……每個衝突都得到了抵消在一個更高的利益裏面，而且其最後結果將是土地佔有底平均在土地開拓者們和工業家們中間』。

只在現存社會底諸關係內部，某種由地租來造成的清冊才有一個實際的意義。

首先，我們曾指出：那由租佃人付給地主的租佃金只在工商業最發達的諸國度裏面才較正確地表現出地租來。而且在這租佃金裏面往往還含有利息在內，因地主曾在自己底地面上投放過資本，對這部分資本要付利息給地主。還有地面底位置，靠近城市和其他種種情形影響着租佃金並改變着地租。這些無容置辯的根據已經足夠暴露一本以地租爲根據的土地淸册之不正確。

另外一方面，地租不能當作一塊地底肥沃程度底固定的尺度用，因爲現代化學底應用可以隨時改變土地底性質，又因爲恰恰今天，地質學的知識開始把相對肥沃性底從前的全部估計都推翻着。英國東部諸郡底大批沒有耕種的土地之被開墾還不到二十年；因爲關於腐蝕土和下層土壤底構成之間的關係最近才了解。可見，歷史並不憑地租來做成一本完全無缺的土地淸册，反而不斷改變土地淸册，完全推翻着土地淸册。

最後，肥沃性並不是一個像人家往往相信的那樣純粹自然的本性：肥沃性和當時社會的諸關係之間有密切的連系。一塊地假如種五穀，可能有很大收獲，但市場價格可以使耕種者把這塊地改成人工的牧場並這樣子使宅沒有收獲。

蒲魯東先生底土地淸册向來不像普通的土地淸册那樣值錢，只因爲想使**地租底天命平等**的目的得到一點現實性起見，才想出他底土地淸册來。

蒲魯東先生繼續說：『地租是付給一種永遠不滅的資本即土地的利息。並且因這一種資本（土地）在物質底關係上不能增大，只能在土地底使用中有無限的改進，所以，一方面跟着（一般的）資本逐漸增多，則放款的利息或利潤就逐漸繼續減少，另一方面，地租則反而會經常增大跟着工業底發達結果土地使用底改進。……這就是地租，拿宅底實質來說。』（第二卷，第二六五頁）

這一次，蒲魯東先生在地租裏面看到了利息底一切特點，不過地租是從一種特殊的資本（土地）裏面發生出來的（利息）而已。這種資本就是土地，一種永遠的資本，宅『在物質底關係上不能增大，只能在使用中有無限的改進』。在文明底進步中，利息有繼續下跌底傾向而地租却繼續趨向上漲。利息下跌因爲資本增多；地租上漲因爲工業發達結果土地底使用越發改善。

這就是蒲魯東先生底意見，拿宅底實質來說。

首先檢查一番所謂地租是資本底利息這個說法能够正確到什麼程度。

對地主本人，地租代表着他買進這塊土地時曾花費了的或者賣出這塊土地時可以得到的那筆資本底利息。但當他買賣土地那時會，其實他只不過買賣着地租。想做一個收地租的人而付出的代價是按一般的利率來規定的，和地租底性質毫無關係。投放到土地上去的資本底利息普通比投放到工商業上去的資本底利息來得低。因此，在那些把一塊土地對土地所有者代表自己的利息和地租本身混淆不分的人們底心目中，投放到土地上去的資本底利息比其他資本底利息低得更多。但這不是地租底購買價格或販賣價格底問題，不是地租底市場價值底問題，不是資本化了的地租底問題，而是地租本身底問題。

租佃金可以包括除了本來的地租之外，還有投放到土地上去的資本底利息。這時會，地主並不當作地主，而當作資本家來接受租佃金底這一部分；所以，這部分不是我們應當講的眞正的地租。

只要土地不當作生產手段被人家利用，土地不是資本。土地當作資本正和其他一切生產手段一樣可以增大。沒有一點東西添加到它底物質上去——用蒲魯東先生底話來講——，但當作生產手段用的土地被人家增多着。只要再把資本投放到已經變成生產手段的土地上去，就是這個事實增大着土地當作資本，但一點也不能多添什麽東西到土地作爲物質上去，就是說，到土地本身底天生寬度上去。蒲魯東先生底土地作爲物質就是有其一定界限的土地。至於講到他算給土地的那個永遠性，我們並不反對它當作物質有這個本性。但土地當作資本就和其他任何資本一樣一點也不是永遠的。

產生利息的金銀也和土地一樣是耐久而永遠的。假如土地底價格上漲而金銀底價格下跌，那末，這件事體準不是因爲它底或多或少永遠的性質而發生的。

土地作爲資本是固定資本，但固定資本和流通資本一樣會用完。土地底種種改進就需要再生產和維持。這種改進像其他用來把物質變成生產手段的一切改良一樣，只能在一定的時期內繼續有效。假如土地作爲資本是永遠的，那末，有些土地就該不會像今天這樣子，就不該和今天這樣子有大不相同的面貌，而我們該親眼看得到羅馬郊外底平原、西西里、巴列斯坦❶在它們過去的繁榮底全部光輝

---

❶ 古時羅馬平原、西西里、巴列斯坦都是繁華的諸國度，以農產之豐富，氣候之適宜與人口之稠密出名。——英文版註

裏面。

甚而有下述這種時會，土地底種種改善還儘管留存着，但土地作爲資本可能已經消滅。

首先，上述事體經常發生在下述時會中，這就是因新的肥沃的諸土地出來加入競爭而原來的地租消滅的時會。其次，種種改良在一定時期內有一個價值，但自從農業知識發達，那些改良逐漸普及之後，那個價値就會消滅。

土地作爲資本，宅底代表不是地主而是租田人。土地作爲資本所得的收獲是利息和企業利得，不是地租。有些土地供給着利息和企業利得，但不供給地租。

簡單地說，只要土地供給利息，宅就是土地資本，既作爲土地資本就不供給地租，土地資本不是土地所有權。地租是從農耕在其中進行的社會諸關係裏面發生的。地租不能從土壤底多少堅固或多少耐久的性質裏面發生出來。地租是社會底產物不是土壤底產物。

據蒲魯東先生說『土地使用底改進』——『工業發達底』一個結果——引起

地租繼續上漲。其實，相反，這種改進引起地租週期地下跌。

不論在農業裏面或在工業裏面也好，所謂改進或改善普通是什麼一回事呢？就是用同樣多的勞動生產更多的東西，或者生產同樣多或甚而更多的東西用較少的勞動。因爲這些改善，經營者免得用大量勞動來生產較少的東西了。他用不着求教劣等的土地：繼續不斷投資到同一塊土地上去也可以維持同等的收獲。

這樣子這些改進斷不像蒲魯東先生所說提高地租，反而變成一樣多的障礙暫時阻止地租上漲。

十七世紀英國底地主們很明白這個眞理，因此他們反對過農業底進步，怕自己底收入減少。（參照配蒂，查爾士第二世時代底一個英國經濟學家。）

第五節　同盟罷工與工人們底團結

『工錢底每次高漲，除了小麥、葡萄酒等等底價格高漲，百物昂貴底效果之外，沒有其他效果。因爲什麼是工錢呢？工錢是小麥等等底費用價格，工錢是任何物件底完全的價格，可以更進一步說，工錢是造成財富並每天由工人羣衆所再生產地消費的諸要素底均勻配合。現在把工錢加倍：就是拿那比他底生產物更多的份頭分配給每一個生產者，這當然是一個矛盾，並且倘這種高漲只伸張到少數工業部門而已，那末，它會在交換中引起一個普遍的擾亂，一句話，一種百物昂貴……我宣告凡抬高了工錢的許多罷工不可能不引起一個普遍的物價高漲：這事像二加二等於四一樣確實。』（蒲魯東，第一卷，第一一〇與一一一頁）

我們否定這一切主張，但不否定二加二等於四。

第一，世界上沒有任何一個普遍的物價高漲。假如每件東西都和工錢同時加倍，那就在價格上沒有變化，不過在表現上是一個變化而已。

其次，工錢底一個普遍的高漲決不能引起物品價格底一個多少普遍的高漲。實在，假如每個工業都拿工人和固定資本或使用的工具底關係做標準來雇用相等數目的工人，那末，工錢底一個普遍的高漲會引起利潤底一個普遍的下跌而物品底流通價格不至於受變化。

但因工人和固定資本底關係在各種不同的諸工業中間並不同樣，所以那使用較多固定資本和較少工人們的一切工業遲早不得不減低他們底物品底價格。不然，如果他們底物品底價格不低跌，那末，他們底利潤會超過諸利潤底一般的比率。機器不拿一點工錢。所以，用機器比工人還多的諸工業，和其他工業比較起來，不大受工錢底一個普遍高漲底影響。但因競爭經常會平均化諸利潤底比率，所以，那超過了平均比率的諸利潤只能是暫時的。這樣子除去少數的諸變動以外，工錢底一個普遍高漲，不像蒲魯東先生所說那樣，會引起物價底一個普遍高漲，反而會引起物價底部分的低跌，這是主要地利用機器來製造的那些物品底流通價格底一個低跌。

利潤和工錢底上漲和下跌表現出一個關係，在這個關係裏面，資本家們和工人們分配着一個勞動日底生產物，大體上不至於影響生產物底價格。但所謂『凡抬高了工錢的許多罷工不可能不引起一個普遍的物價高漲，甚至引起一個飢荒』——這種思想只能從一個不懂事的詩人底腦筋裏面發生而已。

在英國，同盟罷工照例成爲新機器底發明和採取底近因。機器可以說是一種武器，資本家們就拿這種武器來打敗那些需要熟練的工人們底反抗。自動紡紗機是近代工業底最大的一個發明，它把正在反抗的紡紗工人們逐出戰場。假如職工會和罷工除了引起許多新發明來反對自己之外沒有其他效果，那末，他們就因爲引起了許多新發明，已經有了莫大的影響到工業底發展上去。

蒲魯東先生繼續說：『我在勒翁福賽先生發表的一篇論文（一八四五年九月『經濟家』月刊）裏面發見英國工人近來不大關心諸團結了——確實是一個進步，我們只能向這種進步慶祝，但工人道德底這種進步是特別從經濟的教育裏面發生出來的。在波爾通底一個會議上有一個紡紗工人大聲疾呼說道，工錢問題不關廠主底事體；在蕭條時期中老闆們只好做可以說必要性所使用的鞭子，不管他們願意與否，他們不得不鞭打。調整的原理是求供關係。老闆們沒有這個權力』……對啊對啊，蒲魯東先生大叫道，這些是教育得很好的工人，模範工人等等。我們法國所有的『這種貧困英國還沒有：它不會跨過海峽去』。（蒲魯東，

第一卷，第二六一與二六二頁）

在英國一切城市中，波爾通是急進主義最發達的一個地方。波爾通底工人們比任何一處都以革命著名。在英國爲了廢除小麥條例而大鼓動的那個時期中，英國工業家們全靠把工人們拉進戰場上來才能夠相信自己對付得了地主們。但因工人們底利益和工業家們底利益矛盾着，不亞於工業家們底利益和地主們底利益底矛盾，所以，工業家們自然在工人大會上經常處於不利地位。於是，他們怎麼辦呢？爲了補救自己底面子，他們組織了許多會議，其中成份大多是工頭們，少數忠於廠主的工人們和那批眞正所謂貿易底朋友們本身。後來，如同在波爾通和曼徹斯特那樣，眞正的工人們想參加進去，反對那些人工的示威運動，人家就禁止他們參加，人家宣佈這種集會是要入場劵的，就是說只有那些有入場劵的人物才許入場。其實，貼在牆上的一切招貼都宣告着公開的集會。每逢舉行這種集會一次，工業家們底機關報就誇張地詳細地報告着會上的許多演說。倫敦各報紙則把這些演說一字不少地再錄出來。不幸蒲魯東先生把工頭們當作普通的工人們並且吩咐他們不要渡過海峽去。

如果一八四四和四五年，諸同盟罷工不比以前那樣引人注意，這因爲一八四四和四五年是英國工業從一八三七年以來才有的繁榮底頭兩年。儘管如此，沒有一個職工會曾自行解散過。

現在讓我們聽聽波爾通底工頭們怎麼說吧。據他們說，工業家們不能決定工錢，因爲他們不能決定生產物底價格，因爲他們不能決定世界市場。根據這個理由，他們希望得到同意不組織團體來逼迫廠主們增加工錢。蒲魯東先生相反禁止他們組織團體，深怕工人們有了團結，工錢就會上漲，工錢一上漲就會發生普遍的飢荒（百物昂貴）。我們用不着說穿在工頭們和蒲魯東先生之間有同一個心靈，就是說：工錢上漲等於物價上漲。

那末，害怕百物昂貴（飢荒）是不是蒲魯東先生底憎惡底眞正的原因呢？不是。他不過和波爾通底工頭們意見不合，因爲他們用供求關係來決定價值，毫不關心構成的價值，它已經進入構成——價值底構成，包括永遠的交換可能性和一切其他諸關係底諸勻配和勻配底諸關係，還加上天命統統在內——底狀態。

『工人們底罷工是不合法的，這不僅刑法法典這樣說，經濟的體制，現存秩序底必然性也這樣說。若說每個工人都應單獨地自由處理自己底身份和四肢，這是可以容忍的，但若說工人們應依靠團結來侵犯獨佔，那是社會所不容許的。』（第一卷，第二三四與二三五頁）

蒲魯東先生想拿刑法法典底一個條文來誇耀成資產者的生產諸關係底一個普遍的和必然的結果。

在英國，團結權是由議會底法案來公認的，並且強迫議會用法律底名義來宣佈這個公認的，是經濟的體制。一八二五年，當議會在赫吉生首相下面，不得不修改法律，以便更加符合那從自由競爭中發生的實際情況時，議會甚而不得不廢除了一切禁止工人們團結的法律。近代工業和競爭越是發達則引起團結促進團結的諸要素就出現得越多，並且一旦種種團結成爲經濟的事實，每天穩固殷實起來的時候，那末，到它們變成法律的事實止，不會延耽很久。

可見，刑法法典底這種條文至多只證明近代工業和競爭在立憲會議和帝國下面還沒有充分發展。

經濟學家們和社會主義者們❶在非難諸團結這一點上是一致的。不過他們非難底動機各有不同而已。經濟學家們對工人們說：你們不要團結。你們一團結，你們就阻止了工業底正常的進步，你們就妨礙了工業家們應付他們底許多定單，你們就擾亂了商業並促進了機器底侵入來使你們底勞動一部分變成多餘並且因此逼迫你們接受更低的工錢。而且，你們儘管怎樣努力都可以；你們底工錢總是要由被需求的人手和供給的人手之間的比例來決定的。想使你們起來反抗政治經濟學底永遠的規律，這種努力是可笑的，而且對你們是危險的。

社會主義者們對工人們說：你們不要團結，因爲你們團結了，究竟會得到什麼東西呢？得到一次工錢上漲？經濟學家們會清清楚楚證明給你們看：你們團結

❶ 這是指當時的社會主義者們即法國底傅立葉主義者們英國底歐文主義者們。——恩格斯註。

了，至多也不過在短時期內可以得到幾個銅板底收獲，但在這幾個銅板底收獲後面，跟着會來一個長期的下跌。熟練的計算家們會證明給你們看：你們想靠提高工錢來單單恢復你們在組織並維持團體上不得不支出的那筆費用，那要花費幾年功夫。我們用社會主義者底資格來告訴你們：就不講這個金錢問題，你們也並不會因此就不做工人，你們以後和以前一樣仍舊要做工人，像廠主仍舊是廠主一樣。所以用不着團結！用不着政治！因爲互相團結不就是搞政治嗎？

經濟學家們願意工人們停留在這個照它自己形成那樣並照經濟學家們在教科書裏面所描畫所印刻的那樣的社會裏面。

社會主義者們願意工人們把舊社會放在一邊，以便能够更加完滿地走到他們用那麼許多預先顧慮來替工人們準備好了的新社會裏去。

儘管有上述兩種人，儘管他們有教科書和烏托邦，但工人們底諸團結沒有一刻停止過跟近代工業底發展和生長來發展自己並擴大自己。今天甚而已是下述這個情形，就是：在某一國度內部，團結底發展程度恰正表明它在世界市場底位階中佔有什麼位置。工業最發達的英國，就有範圍最廣和組織最好的諸團結。

在英國，人家並不自己局限在除了一個臨時的同盟罷工之外沒有其他目的並且和這個目的一同完結的那些局部的諸團結裏面。人家創造了持久的諸團結卽職工會，供工人們在他們和企業家們作鬥爭時當作防禦底武器使用。並且現在一切這些地方的職工會都在職工聯合會底全國總會裏面找到了一個集合點，全國總會底中央委員會坐落在倫敦並且已有八萬會員。這些同盟罷工，諸團結，諸職工會同時和工人們——現在他們在工人憲章黨底名義下面組成了一個巨大的政黨——底政治鬥爭一起出頭露面了。

想在互相之間聯合一番的工人們底這些最初的諸嘗試繼續不斷地取得團結底形態。

大工業把一羣互相不認識的人們聚集在一個地方。競爭分裂着他們底利害關心。但想維持工錢，想對付他們底廠主，這個共同的利害關心使他們在反抗底思想——團結——中一致起來。所以，團結經常有一個二重的目的：消除工人們自己中間的競爭，以便和資本家們來一個全般的競爭。儘管反抗底第一個目的只是維持工錢而已，但跟着資本家們那方面爲了壓迫底方便而團結一致起來，那最初孤立的諸團結形成諸集團，並且在不斷統一的資本面前，工人們維持自己底聯合會更比維持工錢來得緊要。英國經濟學家們看到工人們犧牲了大部分工錢去幫助那些在經濟學家們底心目中只不過爲了工錢而建立的聯合會大吃了一驚，這是眞的。在這個鬥爭——一個眞正的內戰——中那爲着一個行將到來的決戰的一切要素們正統一着並發展着自己。一旦到了這一點，團結就具備了一個政治的性格。

經濟的諸關係首先把居民底羣衆改變成工人。資本底統治替這批羣衆創造了一個共同的地位和共同的諸利害關心。所以這批羣衆已經是一個階級在資本對面，不過還沒有向自己本身。在我們不過標明了幾個方面而已的這個鬥爭裏面，這批羣衆發見自己齊集在一起，把自己構成向自己本身的階級。他們所擁護的諸利益成爲階級利益。而階級對階級底鬥爭是一個政治鬥爭。

講到資產階級，我們應當劃分兩個階段：一個是它在封建主義和絕對王權底統治下面自己構成階級的階段；還有一個是它已經構成階級，推翻封建統治，把社會造成資產者社會的階段。第一個階段曾是比較長久的，並且曾花費過更大的種種努力。資產階級也曾用局部的諸團結開始去反對封建地主們。

人家做了許多研究想追蹤資產階級所經過的那些不同的諸歷史階段，從城市公社到它構成階級爲止。但一旦需要仔細研究諸同盟罷工，諸團結以及無產者們在我們眼睛面前完成他們組織成階級的那些形態時，有一些人們就暴露了一個眞正的恐怖，而另外有一些人們表示了一個超經驗的侮蔑。

一個被壓迫的階級是每一個在階級對立上面建築起來的社會底生活條件。所以，這個被壓迫階級底解放必然包含着一個新社會底創造。若要這個被壓迫階級自己能夠解放，就必須達到那既得的諸生產力和現行社會的諸關係再不能兩立的階段。在一切生產底諸要素中間，最大的生產力就是革命的階級本身。革命的諸要素之組織成階級就預先要有一切在舊社會底胎內曾能夠生長的諸生產力底現存。

這是不是說在舊社會沒落以後有一個新的階級統治出現，集中表現在一個新的政治權力裏面嗎？不。

勞動階級底解放底條件是任何階級的廢除，同第三等級——資產者的秩序——底解放底條件曾是一切等級❶底廢除一樣。

勞動階級在發展底進程中將把一個聯合會放在資產者社會底位置上，這個聯合會排除着階級和階級對立，並且那裏不再會有原來的政治權力，因為這種政治權力恰正是在資產者社會內部階級對立底公然的表現。

到那時為止，無產階級和資產階級中間的對立是階級對階級底鬥爭，這一鬥爭達到它的最高表現時就表明一個全般的革命。那末，一個在階級對立上建築起來的社會要走到殘暴的矛盾上去，走到物體和物體底衝突上去，作為最後的解

❶ 這裏所謂諸等級就是封建國家底諸等級底歷史的意思，這些等級有確定的限定的諸特權，資產階級底革命廢除了諸等級和他們底諸特權。資產者社會還只有階級。所以把無產階級當作第四等級來標明，就完全違反了歷史。——恩格斯註

决，難道用得着驚奇嗎？

不要說社會運動排除着政治運動。沒有一個政治運動不同時就是一個社會運動。

只有在一個既無階級更無階級對立的秩序裏面，社會進化將不再變成政治革命。到那時爲止，在社會底任何普遍的革新底前夜，社會科學底最後一句話始終是：

『鬥爭或者死滅；流血的戰爭或者空無。問題就這樣無情地擺着。』（喬治·桑德）

附錄一

（一）關於勞動貨幣

（從馬克思『政治經濟學批判』中摘出）

把勞動時間當作貨幣底直接的尺度單位看的那個學說是由約翰格雷❶來第一次有系統地展開的。

他使一個國民中央銀行靠它的分行來確證那在各種商品底生產中花費掉的勞動時間。生產者在商品底交換中收到一張價値底公家的證書，一張對他底生產物

❶約翰格雷著『社會制度等等，論交換底原理』愛丁堡，一八三一年，參照同一作者著『關於貨幣底性質和用途的諸講演』愛丁堡，一八四八年。二月革命後，格雷寄了一個備忘錄給法國臨時政府，在那裏面，他主張法國不需要勞動底組織，只需要交換底組織，這個組織底計劃，已經完全做成了，包含在他自己孵出來的貨幣制度裏面。大膽的約翰沒有料到『社會制度』出世後十六年，會有能發明的蒲魯東出來對同一個發明提出專利權底要求。

所含勞動時間的收據㊀，並且這些一個勞動週，一個勞動日，一個勞動時底銀行劵同時可以當作藏在銀行倉庫裏面的一切其他商品底等價領取證用㊁。這就是他隨時隨地依憑着現存英國的諸制度，用意周到地詳細展開的那個基本原理。『用這個制度——格雷說——，那末，無論什麽時候，賣出東西去換貨幣和今天用貨幣去買東西一樣方便；生產將成爲需求底一式一樣的並且用之不盡的源泉。』㊂諸貴金屬將喪失其對其他商品的『特權』，並且『在市場上將在奶油、雞蛋、衣料、花布之類旁邊找到適當的地位，並且諸貴金屬底價值不會比金剛鑽底價

㊀ 格雷『社會制度等等』六三頁：『貨幣應當成爲單單一張收據，一張證書，就是說這證書底持有人曾貢獻了一定的價值到了財富底國民的儲藏裏去，或者就是說他已經獲得了一個權利來從某一個貢獻了一定價值的人那裏取得同一價值。』

㊁ 『把一個生產物底價值預先估定，存放在一個銀行裏，無論什麼時候需要這一生產物底價值都可以領取出來，此時只要大家同意確定無論誰只要把財產底一種存放在預先指定的國民銀行裏去，就可以領取同等的價值，不管其內容如何，只要不領取他自己存放進去的那同一件東西。』（格雷：『社會制度等等』，第六八頁）

㊂ 同上書，第一六頁。

值更多引起我們關心』㊀。『究竟我們應當保持價值底這個虛擬的尺度即黃金來束縛一國底諸生產力呢？或者我們應當求助於價值底自然的尺度即勞動來解放一國底諸生產力呢？』㊁

勞動時間既是價值底內在的尺度，那末，爲什麼還有另外一個外在的尺度呢？爲什麼交換價值發展成價格呢？爲什麼一切商品在一個例外的商品裏面估定它們底價值，並因此這個例外的商品轉變成交換價值底適切的現存即貨幣呢？這些就是格雷曾應該解答的問題。沒有解答這些，他以爲諸商品可以當作社會的勞動底諸生產物直接互相發生關係。但是，諸商品只能像它們現在這樣，互相發生關係。諸商品直接是個別化了的，獨立的私人諸勞動底諸生產物，這些私人諸勞動必須在私人交換底過程裏面把自己交出來證明自己是一般的社會的勞動才行，換

㊀ 格雷：『關於貨幣等等的諸講演』，第一八二頁。

㊁ 同上書，第一六九頁。

句話說，在商品生產底基礎上勞動，要經過從各方面交出個人的勞動來，才成爲社會的勞動。但是格雷以爲商品所含有的勞動時間是直接社會的勞動時間，所以他把商品所含有的勞動時間當作共同的勞動時間，換句話說，當作直接聯合的個人們底勞動時間。所以在實際上像金銀這樣一種特別的商品就不可能當作一般的勞動底化身來對待其他諸商品，交換價值就不能成爲價格，但使用價值也就不能成爲交換價值，生產物不能成爲商品，這樣一來，資產者底生產本身底基礎就該已經被淘汰了。但格雷決沒有這個意見。諸生產物應該作爲商品被生產出來，但不得作爲商品來交換。

格雷把這個愚誠的願望底實現委託給一個國民銀行。一方面，社會以銀行底形式來使個人們脫離不了私人交換底諸條件，另一方面社會使個人們在私人交換底基礎上繼續生產。儘管他只不過想『改革』一番從商品交換裏產生的貨幣，但內部的結果逼使他一個又一個否定資產者的生產條件。這樣子，他把資本改成國民資本㊀，把土地所有權改成國民所有權㊁，但如果把他底銀行詳細審查一番就看得出他底銀行不僅伸出一隻手來拿商品並用另外一隻手來付出被交納的勞動底收據，而且還控制着生產本身。在他底最後的著作『關於貨幣的諸講演』裏面，格雷細心謹愼地想把他底勞動貨幣表現成純資產者的改革，就陷於更顯著的荒謬。

任何商品都直接是貨幣，這就是格雷從他底不完全的，因此錯誤的商品分析裏得出的理論。所謂『勞動貨幣』和『國民銀行』和『商品倉庫』底『有機的』構成只是夢幻，在這夢幻裏面，有一個武斷被預先感覺爲統治世界的規律。這個武斷就是商品是直接的貨幣，換句話說，商品所含有的私人底特殊勞動直接就是社會的勞動，這個武斷就有一個銀行相信宅並照宅這個武斷來辦事，也不會變成眞實。在這種時會，破產反而會担任實踐的批判底任務。什麼事體隱藏在格雷底著作裏面，連他本人都不覺得呢？那就是：對那種愚誠的願望——想解脫貨幣底束縛，和貨幣一起想解脫交換價值底束縛，和交換價值一起想解脫商品底束縛並

㊀『每一國度底實業應在一個國民資本下面進行。』（格雷：『社會制度等等』，第一七一頁）

㊁『土地必須改成國民所有權。』（同上書，第二九八頁）

和商品一起想解脫生產底資產者的形態底束縛——，勞動貨幣是一個在經濟上響亮的詞句。這件事體曾由幾個英國社會主義者們率直地說出過，一部分在格雷以前，另一部分在格雷以後㊀。但是蒲魯東先生和他底派別仍保有特權：把貨幣底降格和商品底昇天認眞當作社會主義底核心來傳敎並且藉此把社會主義混淆在一個根本的誤解裏面㊁它誤解着商品和貨幣之間必然的關係。

㊀ 見例如W．湯姆遜：『財富底分配等等之研究』，倫敦，一八二四年。又見勃雷：『勞動底害處及勞動底救濟』，黎慈城，一八三九年。

㊁ 亞爾弗勒，達里蒙：『關於銀行底改革』，巴黎，一八五六年，此書可以當作這個庸俗歐劇一樣的貨幣理論底摘要看。

（二） 關於自由貿易問題

（一八四八年一月九日馬克思在布魯塞爾民主協會中講）

各位先生！英國廢除了穀類條例，這是十九世紀自由貿易底偉大的勝利。無論那一國，工業家們一談到自由貿易，他們在心目中首先就特別想到穀類底或一般地想到原料底自由貿易。『在外國穀類上課加保護關稅，這是不名譽的，那就是利用人民底飢餓來投機。』

『便宜的糧食，高額的工錢』，這是唯一的目的，爲了這個目的英國自由貿易家們花費了幾百萬，並且把他們底熱情已經傳染到大陸上來給他們底表兄弟們了。總之，那些願意自由貿易的人們都爲了想改善勞動階級底條件而希望着自由貿易。

但是奇怪！人家不惜任何代價想替人家謀得便宜的麵包，人民却頗不感激。廉價的麵包在英國和廉價的政府在法國一樣名譽很壞。人民把那幫自己犧牲的紳士們如波林、勃萊得等當作最可惡的敵人和最無恥的僞善家看。

誰都知道英國自由黨和民主黨之間的鬥爭是自由貿易家們和工人憲章黨之間的鬥爭。

且看英國自由貿易家們怎樣在人民面前證明使他們興高采烈的那個寶貴的思想。

他們向工廠勞動者們說：

穀類關稅是一種捐稅加在工錢身上；你們付了一筆捐稅給大地主們，給中世紀的貴族們；假如你們底處境很苦，那末，因爲這是生活必需品昂貴底結果。

工人們向工業家們問道：在最近這三十年中間，我們底工業有了莫大的發展，但我們底工錢比穀類價格底上漲還要低跌得更加快些，這是什麼一回事呢？

正如你們所說，我們付了捐稅給大地主們，這筆捐稅大約花費工人一星期三辨士；但是一八一五到一八四三年，手織工人底工錢從一星期二十八先令跌到五先令；機織工人底工錢在一八二三——一八三三年中間從一星期二十先令跌到八先令。

並且在這一整個時期內，我們付給大地主的稅率不過是三辨士而已。而且在一八三四年當時，麵包很便宜，事業很興旺，那時你們怎麽對我們說？你們說，『假如你們遭遇不幸，那是因爲你們生兒子太多，你們底結婚比你們底業務更生產得多！』

這是你們親口說的話，並且你們甚而還想制定新的救貧法規並創設勞動營，無產者們底牢監。

工業家們起來回答道：

你們有道理，可敬的工人先生們；不僅穀類底價格而且此外，人手供給方面底競爭也決定着工錢。

但請你們好好考慮一件事體，就是我們這裏的土壤盡是些石塊和沙灘。無論如何，你們總不會相信在花瓶裏面可以生出穀子來！假若我們不浪費我們底資本和勞動到完全沒有出產的地面上去，放棄農業，專心努力來幹工業，那時候，整個歐洲會放棄宅底諸工廠而英國將造成一個唯一的偉大的工廠城市而整個歐洲將變成鄉村。

這位工業家正向着他自己的工人們講話，忽有一個小商人大聲揷問道：但假如我們廢除了穀類條例，那末我們底農業準會消滅，但還未必就因此可以强迫別些國度放棄宅們底工廠而專從我們底工廠裏買貨。結果會變成什麼呢？我會失掉鄉間的買客，而國內貿易會失掉宅底市場。

這位工業家調轉頭來，背向着工人們，答覆這個店主道：關於這個問題，你交給我們辦好了。穀類條例一廢止之後我們就可以從外國得到便宜的糧食。然後我們可以減低工錢，而同時在我們去買糧食的各國內部工錢會上漲。

這樣子，除了我們已經享受的利益之外，我們還可以得到更加便宜的工錢，並且憑這一切利益就已經可以强迫大陸買我們底東西。

但現在有佃農和農業勞動者插進來討論了。

那末，我們——他們大聲道——我們怎麼辦呢？

我們靠農業生活，難道我們應當贊成農業受死刑底判决嗎？人家從我們脚底下抽掉了土地，難道我們應該忍受嗎？

反穀類條例同盟沒有任何答覆，但自鳴得意地懸賞募集了三篇論文關於穀類條例底廢止對英國農業的良好影響。

這些懸賞由霍澄、摩斯和格萊格三位先生得了，他們底三篇論文被印刷成千千萬萬書本散發到鄉村中去。

第一個受賞者一心一意想證明無論佃農或農業勞動者决不會因外國穀類底輸入而有所損失，只有地主受損失而已。他强調說，英國佃戶不必害怕穀類條例底廢止，因爲沒有那一國像英國這樣能夠生產這樣好而這樣便宜的穀類。

所以就算穀價跌了，你們可以不受損失，因爲這種低跌只影響地租，地租會低跌，但决不影響資本利得和工錢，資本利得和工錢仍舊一樣。

第二個受賞者摩斯先生相反地主張廢止穀類條例後，穀價會上漲。他表現了無限的努力想證明保護關稅向來沒有能夠替穀類保證有利的價格。

爲了加强他底主張，他舉了一些事實說每逢外國穀類輸入的時候，英國穀價總大大地上漲而每逢輸入少的時候，穀價總大大地低跌。受賞者忘記了輸入不是價格昂貴底原因，相反地價格昂貴是輸入底原因。

他和同受賞者們完全相反地主張穀價每次上漲對佃戶和農業勞動者有利，對地主不利。

第三個受賞者格萊格先生是一個大工業家，他底著作是爲大佃戶（農業資本家）而寫的，他不符和那些蠢話。他底說話是比較科學些。

他承認穀類條例只有抬高穀價才可能抬高地租，也承認只有逼迫資本投放到土質較劣的土地上去才可以抬高穀價，而且要說明這點，也很簡單。

跟着人口底增加，假如外國穀類不能輸入，那只好使用出產不多的土壤，耕種這種土壤當然要花費得更多些，因而這種土壤底生產物要貴些。

因爲對這樣生產出來的穀類全部早在市場上有人需要，就是說一定有人買，所以宅底價格就必然按照比較劣等的土地底生產物底價格來規定。在這個價格和比較上等的土地底生產費用之間的差額恰正造成地租。

所以，假如作爲穀類條例廢止底結果，穀價以及地租低跌下來，那因爲比較劣等的土壤不再被耕種之故。這樣子，地租底低跌不免要使一部分佃戶滅亡。

要了解格萊格先生底說話，那末上面那些註解是必要的。

他說，那些不能靠農業來生活的小佃戶們會在工業裏面找到出路。至於大佃戶們，這時會一定會賺錢。大地主們若不被迫很便宜地出賣他們底土地給大佃戶們，那末，大佃戶們和大地主們所訂的租佃契約會訂得很長久。這就使大佃戶們能夠投放更大的資本到土地上去，應用農業機器到更大的範圍上去，並且還能夠節省人力，而且因爲廢止了穀類條例，其直接的結果就是工錢底普遍低落，因此人力也就會更加便宜。

波林博士把這些議論奉爲宗敎的神聖：他在一個公開會議上大聲疾呼：『耶穌基督是自由貿易——自由貿易是耶穌基督。』

大家懂得這全部假仁假義並不是爲了想替工人們謀價廉物美的麵包而說的。何況，工業家們現在還用全力來反對人家希望憑十小時勞動法案來把工廠勞動者底勞動日從十二小時縮減到十小時，現在，工人們聽了工業家們底突然仁慈起來的說話，怎麼能相信呢？

爲欲使你們明白這些工業家們底仁慈是什麽一回事，請你們諸位先生回想一下在一切工廠裏面實施的工廠諸例規。

每個廠家都有一本眞正的刑法法典，自備私用，對一切有意或無意的過犯都有罰款規定；例如假若工人不幸不留心休息了一忽；假若他偷偷講了話，多了嘴，笑了一下，稍微遲到了一下，假若機器底某一部分有一點損傷，假若他所交貨色不合格，他就要付罰款。罰款經常比工人所實際引起的損害要得多。想使工人們多受些處罰，故意使工廠底時鐘走得快些，並且拿惡劣的原料要工人做出好東西來。假如監工不善於增加違犯廠規底件數就被撤職。

諸位先生請看這種私定法規是專門在製造過錯而製造過錯是爲了賺錢。廠家這樣用盡一切辦法來減縮名目工錢，甚而利用工人沒法控制的意外事故。

這些廠家們就是這批仁人君子們，他們大言不慚企圖使工人們相信他們將能夠花費莫大金額來一心一意改善工人們本身底命運，一方面他們經過工廠諸例規用無微不至的方法來削減工人底工錢，另一方面却憑最大的犧牲來用反穀類條例同盟底幫助來提高工錢。

他們不惜巨大的費用建造宮殿，在這裏面反穀類條例同盟創設了可說宅底官宅；他們派遣傳敎師底大軍到英國底一切角落裏去宣傳自由貿易底福音。他們印刷成千成萬小册子不取分文散發給工人來啓發工人們自己底利益關心。他們支出莫大的金額費用來收買報紙替他們說好話。他們組織大規模的行政機構來指導自由貿易運動。他們在公開集會上則滔滔不絕地發揮雄辯底才能。在一個這樣的集會上曾有一個工人喊道：

假如地主們會把我們底骨頭賣掉，恐怕就是你們廠家們第一個把我們底骨頭買去投到蒸汽磨粉機裏去磨成粉。

英國工人們很明白地主們和工業資本家們之間的鬥爭底意義。他們很知道人家想減低麵包底價格是想減低工錢，也很知道地租一跌下去多少，資本利潤就會上昇多少。

李嘉圖是英國自由貿易家們底傳教師，也是我們這（十九）世紀最出色的經濟學家，在上述這一點上完全和工人們意見一致。在他底 政治經濟學 的名著裏面，他說：

『即使我們自己不種穀類……我們可以找到新的市場用更便宜的價格來供給我們穀類，工錢會低落，利潤會上昇。農業生產物底價格低跌不僅可以減低那用來耕種土地的勞動者底工錢，而且可以減低那用在商業或工業上的一切工人底工錢。』（李嘉圖前引書，第七五頁）

諸位先生，不要以爲以前工人雖曾拿過一元五角，但現在因爲穀價更便宜了拿一元二角對工人是一件沒有什麽出入的事體。

他底工錢和利潤比較起來不是低落了嗎？他底社會地位和資本家們底社會地

位比較起來更壞了，這不明顯嗎？此外工人在事實上還有損失。

在穀價和工錢還比較貴的期間，只要稍微節省一點麵包底消費，還可以得到其他的享樂。一旦麵包和工錢都便宜了，他就差不多沒有辦法把麵包節省下來去買別的東西了。

英國工人們曾使英國自由貿易家們認淸工人們不會讓自由貿易家們底假粧和吹謊來把自己騙住，而且工人們雖和他們聯合起來反對地主們，這不外是要消滅封建主義底最後的殘餘，並且還只要和單剩下一個敵人周旋而已。工人們並沒有估計錯；果然地主們，爲了報復廠家們起見，和工人們聯合一致通過了三十年來要求無效而在穀類條例廢止後立即通過的十小時勞動法案。

波林博士有一次在經濟學家會議上從扣袋中拿出了一個很長的賬單來想說明英國輸入了多少頭牲口，多少斤鹹肉和火腿，多少隻鷄等等，據他說，預備讓英國工人們消費，那時他可惜忘記說：正在那時曼徹斯特和其他工廠城市底工人們因剛開始的經濟危機而被摔到街上。

— 269 —

在政治經濟學底領域裏面在原則上決不允許收集一年的數字就從中引導出一個普遍的規律來。無論如何必須取得六年至七年之平均——這個期間是近代工業通過繁榮、停滯、危機底各階段而完成其循環行徑的期間。

沒有疑問，假如一切商品底價格下跌，而這是自由貿易底必然的結果，那末，我用一塊錢可以買到比以前更多的東西。而且工人底一塊錢正和別人底一塊錢一樣。可見，自由貿易對工人很有利益。不過有一個小小的痲煩和自由貿易分不開，就是工人，在他拿他底一塊錢去換東西之前，首先要拿他底勞動去和資本完成交換。假若在這個交換裏面工人對同樣的勞動經常得到預料的工錢而且一切其他的商品底價格都跌了，那末他在這種買賣裏面經常可以成爲賺錢的人。當然一切商品底價格跌了的時候，我就可以用同額的貨幣買到更多的商品，要證明這一點，沒有困難。

經濟學家們經常在勞動底價格（報酬）和其他諸商品交換的那個瞬間掌握勞動底價格；但忘記了勞動親自和資本交換的瞬間。假如運轉那生產諸商品的機器，所需要的費用比較少，那末，維持這名爲工人的機器，所必要的諸物品也一樣會比較便宜。假如一切商品都比較便宜，那末勞動既是一種商品也一樣會跌價，而且，往下去，我們可以看到，勞動這種商品和其他諸商品比較起來會跌得更低些。假如這時候工人還始終相信經濟學家們底諸議論，那末，他就會發見一塊錢在他扣袋裏面溶化了，只剩下五個銅子。

這時會，經濟學家們會對你們說：

對啊，我們承認工人們中間的競爭在自由貿易底統治下面確實不會消滅，這個競爭會很快使工錢和便宜的物價一致起來。但另一方面，物價便宜會增加消費；較大的消費會促進更緊張的生產，更緊張的生產會引起勞動力底更大的需求，勞動力底更大的需求會引起工錢高漲底結果。

這整個議論不外就是下面一句話：自由貿易增加着諸生產力。假如工業繼續生長，假如財富，假如生產力，總而言之一句話，假如生產資本增加勞動底需求，那末，勞動底價格以至工錢就會高漲。對工人最有利的條件是資本底生長。

而且人家必須承認這點。假如資本停頓不動，那末工業不僅會停頓而且會下降，到這時候，工人就會變成第一個犧牲品。他會比資本家們更早沒落下去。並且在資本繼續生長，因之如上所說對工人最好的情況中，工人底命運將會變成怎樣呢？他同樣要沒落下去。生產資本底生長包含着資本底累聚和集積。資本底集中會引起更大的分工和更大規模的使用機器。更大的分工消滅着工人底特殊的熟練，並且當分工用一種誰都能做的勞動來代替這種特殊的熟練時，它增加着工人們中間的競爭。

當分工能使單單一個工人做三個人底工作時，這種競爭就越加厲害。機器還要在更大得多的程度上引起這個結果。生產資本底生長逼迫着工業資本家們用不斷生長的諸手段來辦事，並使小工業家們滅亡而且把他們摔到無產階級裏去。其次，跟着資本底生長，利率就按步低跌，有些小的放債過活者們再也不能依靠利息來生活下去的時會就被迫趨向工業，因此增加着無產者底數目。

最後，生產資本越增加得多，資本家越加不得不替一個不知有多少需要的市場來生產。越强迫生產追出需要，越强迫供給追求市場底需求，危機也就越增加其强度和次數。但危機也每次親自促進資本底集中並增加無產階級。所以，生產資本越生長，工人們中間的競爭也越增多，而且程度也越提高。勞動底報酬對一切人減少，勞動底負担對某些人增加。

一八二九年曼徹斯特有一千零八十八個紡紗工人在三十六個工廠裏工作。一八四一年就只有四百四十八人，而且這些工人打理了比一八二九年一千零八十八個工人所曾打理的錠數還多五萬三千三百五十三錠。假如手底勞動跟着生產力一起增加，那末，工人數應該增加到一千八百四十八人；技術的諸改善剝奪了一千一百個工人底生機。

我們早已知道經濟學家們底回答。這些生機被剝奪的人們——據經濟學家們說——會找到另外一種職業。波林博士先生沒有放鬆機會把這番議論在經濟學家們底會議上重新提出來。但也沒有放鬆機會，把自己本身批駁一番。

一八三五年，波林先生在下院曾做過一次演講關於五萬手織工人們，他們好久餓着肚子找不到自由貿易家們所宣傳的新職業。

聽聽波林先生底這次演講底最動人的地方吧。

『手織工人們底窮苦——他說——是任何一種容易學會而且隨時可以用更便宜的手段來代替的勞動底不可避免的命運。因爲在這種時會工人們中間的競爭非常大，所以需求稍微有一點減少就引起危機來。手織工人們可以說已站在人的生存底最極端的境界上。再往前走一步，就不能生存下去。稍微一點點震動就足够把他們拋到零落底道路上去。技術底進步越加消滅着手底勞動，不知不覺地在過渡時期中引起了許多暫時的苦痛。國民的幸福只好用少數個人的不幸底代價來買到。在工業中只有多少犧牲落後的人們才有進步，尤其在一切發明中間蒸汽機關在手織工人身上壓得最重。他已經在許多種用手做出來的物品中打了敗仗被逐出戰場，但在另外許多種今天還用手做的物件中還要繼續打敗仗。』

『我手裏——他還說——有一封東印度總督和東印度公司之間來往的信件，講到達卡地區底手織工人們。總督在這封信裏說：數年前東印度公司曾收過六百到八百萬件棉織品都是在家內織機上生產出來的。需求逐漸減少甚而縮減到一百萬件。在這瞬間，需求差不多停止了。一八〇〇年美國還從印度吸收了八十萬件棉織品。一八三〇年吸收了不過四千件。最後，一八〇〇年有一百萬件棉織品運到葡萄牙去。一八三〇年葡萄牙只不過收了兩萬件。』

『關於印度手織工人們底窘狀，這個報告實在可怕；那末，什麼是這種窘狀底原因呢？』

『英國生產物在市場上出現，用蒸汽機關來製造物件。』

『極大多數手織工人們在窮苦中死了。剩下少數改了職業改到農業方面去了。不能改變職業就等於宣告死刑。並且在這瞬間，達卡區域到處都充塞着英國機器製造的棉紗和紗布。以美麗和堅實聞名世界的達卡紗布受了英國機織品底競爭，結果差不多絕跡了。在全部工業史裏面恐怕很難找得到像印度各階級所遭受的這種痛苦。』

波林博士先生底講演很值得注意，因爲在這裏面舉出的諸事實是正確的，並且他企圖掩蓋事實的那些詞句完全帶着一切自由貿易者們底諸演說所特有的欺騙底性格。他把工人們看作諸生產手段，這些生產手段必須用更便宜的諸生產手段來代替。他假裝把他所講的勞動當作例外的勞動看，把那剿滅了手織工人的機器當作例外的機器看。他忘記了：任何手勞動總有一天會遇到手織工人底命運。

『機械技術底一切改良底主要目的和傾向就是想用機器來完全代替人的勞動，或者想拿婦女和兒童底勞動來代替成年男子底勞動或拿普通工人底勞動來代替熟練工人底勞動，這樣來減少勞動底價格。在大多數水線紡績即英文所謂 trostle mills（穿梭紡機）中，紡績完全由十六歲和十六歲以下的女孩子們來担任。採用自動紡績機來代替手搖機以後，結果就是辭退了大多數成年男子而保留了兒童們和青年們。』

熱心的自由貿易論者佑亞博士先生底這些說話很可以補充波林博士先生底供認。波林先生講到一些個人的苦痛並說這些個人的苦痛消滅了整個諸階級；他講到過渡時期底暫時的苦痛，但每逢講到這些苦痛時，他並沒有否認這些暫時的苦痛對多數人是從生到死的過渡，對少數人是從較好的生活條件到更壞的生活條件的過渡。當他後來說到這些工人們底痛苦和工業底進步分不開，並對國民的繁榮是必要的，這時候他只不過說出資產者階級底繁榮以勞動階級底痛苦爲必要條件而已。

波林先生奉送給快死的工人們的整個安慰和自由貿易論者們建立的補償說不外就是下面一些意思：

你們成千成萬快死的工人們，不要喪氣。你們可以安心死去。你們底階級不會死亡。你們底階級經常人數衆多，足夠應付資本家們從十個人裏面抽出一個來判死，無須担心他們會消滅你們底階級。而且假如資本家不細心保存那可以剝削的材料即工人們以便繼續不斷剝削他們，那末，他怎麽能運用資本而收效果呢？

但是爲什麽這時候還有一個仍舊要解答的問題即自由貿易底實現究竟會有什麽影響到勞動階級底生活條件上去呢？從蓋內到李嘉圖經濟學家們所制定的一切規律都建築在下述預先肯定上，就是說，至今還束縛着貿易自由的諸限制已不存在。跟着自由貿易逐步實現，這些規律也增加了力量。第一個規律說：競爭使每個商品底價格退回到該商品底生產費底最低額上去。所以，工錢底最低額是勞動底自然價格。那末什麼是工錢底最低額呢？恰正就是爲了生產那些維持工人最低生活所不可少的物品起見，爲了使工人勉强渡日並儘量生殖其階級起見，所必要的東西。

但不要因此相信工人就只拿得到這個最低額工錢，更不要相信工人經常拿得到這個最低額工錢。

不，根據這個規律，工人階級有些時候可以較爲幸福。工人階級有時候可以拿到比最低額更多些，但這種更多些只能補償工人階級在工業停滯時期中拿得比最低額還少些的那個損失。這就是說：如果在一個確定的周期循環的時期之內，在工業通過繁榮，生產過度，停滯，危機等階段而畫成的循環運動中把工人階級在必要以上和必要以下所得到的一切統統計算起來，那就可以看出工人階級在總數上既不會得到比最低額更多也不會得到比最低額更少：換句話說，工人階級要忍受這樣又這樣多的窮困，這樣又這樣多的痛苦，要在工業底戰場上遺棄這樣又這樣多的屍體才作爲階級維持得了。但這有什麽關係呢？這個階級繼續存在着，比繼續存在還更多些，這個階級本身增大着。

但這還不是全部。工業底進步供給着不太費錢的生存手段來。燒酒代替了啤酒，棉花代替了羊毛和麻，洋芋代替了麵包。

因爲人家經常找得到種種辦法，用更便宜而更惡劣的食品來養活勞動，因此工錢底最低額就越往下低落。假如初起這筆工錢還讓人類爲生活而勞動，結局這筆工錢還讓人類生活，不過當作一架機器底生活而已。他底生存除了一個簡單的生產力底價值之外沒有任何其他價值，並且資本家就照這樣對付他。經濟學家們底預先設定：自由貿易越變成一個眞實，越變成一個事實，則勞動商品底規律，工錢最低額底規律就越加發揮自己。所以或者必須拒絕那預先肯定了自由貿易而建立起來的全部政治經濟，或者必須承認工人們在自由貿易下面要遭受經濟的諸規律底一切嚴厲的制御，二者之中必須選擇一個。

總而言之：在今天的社會狀態下面自由貿易究竟是什麼呢？資本底自由。倘你們把今天還束縛着資本底自由發展的那些限制打破了，那末，你們眞正完全解放了資本底活動。倘你們讓工錢勞動和資本底關係繼續存在下去，那末，儘管商品底交換永遠在最有利的諸條件下面成就自己也好，但始終還有一個階級剝削着人家和另一個階級受人家剝削。自由貿易論者們以爲有利地運用資本就可以消除工業資本家們和工錢勞動者們之間的對立，想了解自由貿易論者們底這種妄斷，確是困難。事實完全相反：有利地運用資本，其唯一的結果就是這兩個階級底對立越加明顯地暴露出來。

暫時假定早已沒有任何穀類條例，沒有地方稅和國稅，一句話，今天工人們以爲是他們底窮苦狀態底諸原因的那一切附帶情形統統都消滅了，那就等於撕破了至今在工人底眼睛面前把眞正的敵人遮掩着的那許多幕帳。

這時，工人會看到這種得到了自由的資本也把他弄成奴隸，不亞於負担捐稅限制的資本。

諸位先生！請你們不要因爲自由這個抽象的字眼，就心花撩亂。誰底自由？這不是某一個人底自由對另一個人。這是資本所享受，來壓迫工人的那種自由。

這個自由底觀念本身豈不是安身在自由競爭上面的一個狀態底產物嗎？爲什麼你們還想拿自由底觀念來把自由競爭當作神聖呢？

我們曾指出自由貿易在同一國民底各階級中間喚起的博愛是什麼一回事。自由貿易想在地球各國民中間建立的博愛也完全不是博愛的；用普遍的博愛底名義來標明剝削在它底全球的形狀中，這是只能從資產階級底懷抱裏面發生出來的一個思想。在一個國度內部自由競爭所引起的一切破壞的現象到了世界市場上就會在更巨大的規模中重複出現。我們用不着花費更多時間在自由貿易論者們關於這個對象所發表的詭辯上面，這些詭辯正像前面所說三個受賞者霍潑、摩斯和格萊格那三位先生底議論一樣。

人家對我們例如這樣說：自由貿易會產生一個國際的分工，並且因此會指定各國進行一個用它底自然利益來調和的生產。

也許你們，諸位先生，相信咖啡和砂糖底生產是西印度底自然的使命。

自然向不關心商業，在二百年前就沒有在西印度那裏種植過咖啡樹和甘蔗。並且也許經不了半個世紀，你們會在西印度那裏看不到咖啡和砂糖，因爲東印度已經利用它底廉價的生產來進行鬥爭反對西印度底所謂自然的使命。

而且恰恰這個西印度帶着它底自然的富源，對英國人說來，是一個正像從時間底開始就有了使命用手織布的達卡底織工們一樣沉重的負担。

還有一個情形這時會不要忽視，就是：好像一切東西變成了獨佔一樣，今天世界上且有幾種工業部門統治着一切其他的工業部門，並保證着那些主要地經營這幾種工業部門的諸民族在世界市場上的統治。這樣子，在國際的交易場裏面只有棉花才有比其他一切成衣諸原料底總計更大得多的商業意義。像自由貿易論者們那樣隨便在任何一個工業部門裏面檢出幾個特種東西來把它們放在天秤盤裏和工業最進步的各國所生產的最便宜的日常用品比較，這眞是可笑。

即使自由貿易論者們不了解一個國度怎樣犧牲了別國來使自己發財，我們不必因此奇怪，因爲這些先生們更不想了解在一個國度內部一個階級怎樣犧牲了別個階級來使自己發財。

諸位先生，儘管我們批評貿易自由，但不要以爲我們有意思擁護保護關稅制度。

不做絕對主義底朋友，也可以反對立憲主義。

順便說，保護關稅制度只不過是在某一國度內建立大工業的一個辦法，也就是使某一國度依靠世界市場的一個辦法。一依靠世界市場，就從這個瞬間起，或多或少已經依靠着自由貿易。此外保護關稅制度在一國內部發展着自由競爭。因此我們看到在資產階級開始使自己被認作一個階級的各國例如在德國裏面資產階級竭力爲爭取保護關稅而奮鬥。

保護關稅對資產階級是一種武器用以反對封建主義和絕對的國家權力，保護關稅對資產階級是一個手段，可以積聚它底諸力量又可以在本國內部實現自由貿易。

不過一般地說，今天保護關稅制度是保守的，而自由貿易制度起着破壞作用。宅破壞着以前的諸國民性並推進無產階級和資產階級底對立達到極端。一句話，貿易自由這個制度促進着社會革命。並且只在這個革命的意義上，諸位先生，我贊成自由貿易。

附錄二

(一) 馬克思給安湼可夫的一封信

(布魯塞爾一八四六年十二月二十八日)

親愛的安湼可夫先生!

假如不是書店把蒲魯東先生底著作『貧困之哲學』直到上星期才送到我這裏來,那末,您就早該可以接到我底答覆您底十一月一日的那封信了。我在兩天中把那本書通讀了一遍,以便立即把我底意見告訴您。因我把那本書看得很快,所以不能深入詳細的地方,只能把那本書給我的一般的印象告訴您。假如您希望,我可以在第二次的一封信裏面深談詳細的方面。

我願意坦白告訴您:我覺得這本書在大體上不好,甚而很壞。您親自在您底信裏嘲笑着蒲魯東先生在他底畸形的和自誇的著作裏面顯耀出來的『德國哲學底破家當』,但您承認經濟學的議論沒有受到哲學的毒素所損害。我也不大想把經濟學的議論底錯誤歸咎於蒲魯東先生底哲學。並不因爲蒲魯東先生有了一個可笑的哲學，才拿出政治經濟學底錯誤的批評來給我們，反而因爲他不了解現在的社會狀態在它底連環——這是蒲魯東先生從傅利埃那裏借來的許多字眼之一，暫用此字——裏面，所以他拿出一個可笑的哲學來給我們。

爲什麼蒲魯東先生講起上帝，講起普遍的理性，講起那向來不會迷惑，到什麼時代都始終如一，只要人家有了正確的意識就可以正確找到的人類底非人格的理性來呢？爲什麼他製造出微弱的黑格爾主義表明自己是一個有力的思想家呢？

他本人拿出這個謎底解答來給您。蒲魯東先生在歷史裏面望見一連串確定的社會發展；他看見進步實現在歷史裏面；最後，他看見人們，作爲個人們，認識不到他們正在幹些什麼而且認錯了他們自己底運動，就是說，初初一看，他們底社會發展好像是和他們個人的發展不同的、隔離的、獨立的東西一樣。他不能說明這些事實，並且自己顯現的普遍理性底假定只是空泛的發明。要發明違反健全的人智的一些神秘的諸原因，也就是諸詞句，天下再沒有比這件事體更容易的事體了。

但假若他承認他不理解人類底歷史發展——他既使用着普遍理性，上帝等等響亮的字眼，他就其實承認他不理解人類底歷史發展——這豈不就是在沉默中不得不承認他無能理解經濟的發展嗎？

不論其形態如何，究竟什麽是社會？人類底相互作用底產物。人類能自由選擇這個或那個社會形態嗎？決不能。假如您處在人類底諸生產力底一定的發展狀態下面，那您就會有交易和消費底配稱的形態。假如您處在生產、交易、消費底一定的發展階段裏面，那您就會有社會構造底一個配稱的形態，家族諸等級或諸階級底一個配稱的組織，一句話，一個配稱的資產者的社會。假如您處在這樣一個資產者的社會裏面，那您就會有一個配稱的政治狀態，這狀態只是資產者的社會底官認的表現。蒲魯東先生決不會理解恰正這件事體；因爲當他從國家那裏回頭去求教資產者的社會，也就是從社會底官認的要約那裏回頭去求教官認的社會時，他自以爲做了某種大事。

還要再說一點。人類沒有自由選擇他們底諸生產力——這是他們底全部歷史底基礎——；因爲每種生產力都是一個努力得來的力量，是一個以前的活動底產物。所以諸生產力是人類底實踐的努力底成果，不過人們因已經努力得來的諸生產力，因社會底秩序——他們只在眼面前看見但並不創造這個秩序，這是前代底作品——而遇到種種情形，上述那種努力就受着這種種情形所限制。每一個後代在眼面前看到以前世世代代努力得來的諸生產力，對這一後代充作新的生產底原料之用，就靠這個簡單的事實人類底一個歷史才自己形成，這一個歷史因人類底諸生產力以及社會的諸來往關係生長起來了，因此，愈加成爲人類底歷史。其必然的結論就是：人類底社會的歷史始終只是他們底個人的發展底歷史，不管他們意識到這點也罷，沒有意識到也罷。他們底物質的諸來往關係造成一切他們底諸來往關係底基礎。這些物質的諸來往關係只是必要的諸形態，他們得以在其中實現他們底物質的和個人的活動。

蒲魯東先生把觀念和事實混淆了。人類決不放棄他們努力得來的東西，但這並不是說，他們決不放棄他們底社會形態在其中他們已經爭得了一定的諸生產力。完全相反。從要想不損失既得的成就，要想不喪失文明底諸成果，人類不得不自從他們底來往關係不再配合既得的諸生產力那瞬間起，改變一切他們繼承下來的社會的諸形態。——我在這裏使用法文『商業或交易（供媒斯）』一字在最廣泛的意義上，像我們在德語中所謂『來往或交往（費兒凱兒）』一樣。舉一個例子來說：例如特權，諸行會和諸合夥底制度，中世紀底整個法制等等都是社會的諸來往關係，這些關係只適合着既得的諸生產力並適合着那以前已經成立並產生這些制度的社會底狀態。在合夥組織和調節機構底保護下面，諸資本積累起來了，海上貿易自行發展了，諸殖民地被建立了——但假如人類想保存那些——在它們底保護下面這些成果才成熟起來了的——諸形態，那末，他們就要喪失這些成果本身。因此爆發了兩次雷霆：一六四〇年的革命和一六八八年的革命。一切舊的經濟的諸形態，適合經濟的諸形態的、社會的諸來往關係，舊的資產者社會底官認的表現即政治的狀態在英國被打碎了。所以人類在其中生產、消費、交換的，經濟的諸形態是過渡的歷史的諸形態。人類一爭得新的生產底諸可能性就改變他們底生產底方式，並且和生產底方式一同改變一切經濟的諸關係，這些關係不外就是這一定的生產方式底必然的諸來往關係。

蒲魯東先生不理解這點而且更遠沒有證明這點。不能追求歷史底現實的運動，蒲魯東先生就拿出一幅幻想圖來並主張那是一幅辯證的幻想圖。他不覺得需要談論十七、十八和十九世紀，因爲他底歷史自己表演在空想底雲霧裏面而且高高在時空之上。一句話，那是黑格爾式的老調，不是什麼歷史。那不是俗世的歷史——人間底歷史——而是神聖的歷史——諸觀念底歷史。照他那樣來看事體，那末人類不過是一種工具讓觀念或永遠的理性利用去發展它自己而已。蒲魯東先生所說的諸進化可以看作表演在絕對觀念底神秘的懷抱裏面的那種進化。假如你撕破了這神秘話底幕帳，就看到蒲魯東先生拿出一個秩序給我們，照着這個秩序經濟的諸範疇排列着自己在他底頭腦裏面。這不費我很大力氣，可以證明給您看這個秩序是一個很沒有秩序的頭腦底秩序。

蒲魯東先生拿價值——這是他喜歡的木馬——底議論來作爲他那本書底開章。現在我不進一步深入去追究他。

永遠的理性底經濟進化底序列以分工開始。蒲魯東先生以爲分工是一件極簡單的事體。但四姓制度豈不是某一種分工嗎？行會組織豈不又是另外一種分工嗎？而且在英國從十七世紀差不多中葉開始到十八世紀末葉沒落的手業工廠制度底分工豈不是和現代大工業底分工完全不同嗎？

蒲魯東先生對事體底眞相，那樣缺少嗅覺，甚而他連俗世的經濟學家們做了什麽一回事都沒有注意到。正在他談起分工那時侯，他竟不覺得需要談到世界市場。這也算了。但十四和十五世紀底分工——那時還沒有殖民地，美洲還沒有出現在歐洲面前，東亞也只經過君士坦丁堡底媒介才對歐洲表明其存在——豈不是和十七世紀——那時已經有了發達的諸殖民地——底分工根本不同嗎？

這還不是全部。諸民族底整個內部的組織和他們底一切國際的諸來往關係——難道這些不算是某一種分工底表現嗎？難道這些東西不必和分工底變化一同改變自己嗎？

蒲魯東先生那樣不了解分工問題，甚而至於連城市和鄉村底分離——例如在德國從九世紀到十二世紀之間這個分離自己完成了——都沒有提過。可見，在蒲魯東先生底心目中，這個分離一定是一個永遠的規律，因爲他旣不知道這個分離底起源，又不知道它底發展。他在他底全本書裏面這樣說着：好像一個確定的生產方式底創造要繼續到世界底末日。關於分工，蒲魯東先生懂得說出來的一切不過是一個總括，尤其是在他以前早已由亞丹斯密和成千其他的人們曾經說過的那些說話底一個非常膚淺而非常不全的一個總括。

第二次進化是諸機器。分工和諸機器之間的聯系在蒲魯東先生底心目中是完全神秘的。每一種分工都有它底特種的生產底諸器械。例如從十七世紀中葉到十八世紀中葉，人類已並不單用手來製造一切。他們掌握了諸器械，而且相當複雜的器械如織機、船舶、起重槓架等等。

所以籠統地把機器當作分工底結果來講是再可笑也沒有了。

順便還要說一點：因爲蒲魯東先生不了解機器底起源，所以他更不了解機器底發展。可以說到一八二五年——第一個一般的危機底時點——爲止，消費底需要一般地比生產還發展得快，因此，機器底發展是市場需要底必然的結果。從一八二五年以後機器底發明和應用只是企業家們和工人們之間的戰爭底結果。但這只有對英國可以說得通。說到歐洲其他諸國則因英國在歐洲各國底國內市場上以及在世界市場上進行了競爭鬥爭來對付歐洲其他各國，因此它們歐洲其他各國也採用了機器。最後說到北美洲是因它和其他諸民族的競爭以及因勞動力底稀少，換言之，因北美洲底人口數和工業的需要之間不調和而引起了機器底採用。從這些事實裏面您可以看出普魯東先生把競爭底妖怪當作第三次進化，當作機器底反措置，呼喚出來的時候，他展開了什麼樣的一種聰明。

總而言之，想把機器弄成一個經濟的範疇和分工、競爭、信用等等並排起來，眞是可笑。

機器像牽犁的一頭牛一樣不是一個經濟的範疇。機器底現在的應用是我們現在的經濟秩序底諸來往關係之一，機器底用利方式畢竟要和諸機器本身完全區別開來。不管人家使用火藥去傷害人也好，或醫治受傷者底傷口也好，火藥仍舊是原來一樣的材料。

當蒲魯東先生使競爭、獨佔、捐稅或警察、貿易平衡、信用和財產所有權按照上面我曾引用過的秩序在他底頭腦裏面望上竄的時候，他做過頭了，連自己本身也控制不住。差不多一切信用制度在英國在十八世紀初年，在還沒有發明機器以前已經發展了。公信用（公債）只是一種新辦法，用來增加稅收並滿足那資產者階級掌握了政權之後發生的諸需要。

財產（所有權）終於在蒲魯東先生底體系裏面造成最後的範疇。反之，在現實的世界裏面，分工和蒲魯東先生底其他一切範疇都是社會的諸關係作爲一個整體形成今天人家所謂**財產（所有權）**；在這些關係外邊，所謂資產者的財產（所有權）不外是一個形而上學的或法學的幻覺。另一個時代底財產（所有權），封建財產（所有權）自己發展在完全別種社會的諸關係底序列下面。當蒲魯東先生把財產（所有權）當作一個獨立的關係看的時候，他犯了不止單單一個方法論的錯誤而已；他並且因此證明了他沒有掌握到那條綁帶，它綁住資產者的生產底一切形態；他沒有了解到在一個確定的時代裏面生產底諸形態底歷史的和過渡的性格。蒲魯東先生把我們這時代底社會的諸制度不當作歷史的產物看，既不了解這些制度底起源，又不了解它們底發展，只能練習一番武斷的批評。

因此蒲魯東先生就沒有辦法不請教一個虛擬來說明發展。他以爲分工、信用、機器等等，一句話，一切對他底固定觀念，平等底觀念服務的東西都是發明出來的。他底說明只是異想天開。這些東西是爲平等而發明的，但不幸變成了反對平等。這就是他底立論。換句話說，他做成了一個任意的假定，並且因爲現實的發展和他底虛擬處處都矛盾着，所以他從這裏下了一個結論說這裏有一個矛盾。他不說這一個矛盾只在他底固定觀念和現實的運動之間有着而已。

蒲魯東先生主要地因爲缺乏歷史的知識，所以他沒有看到人類因爲發展他們底諸生產力，就是說，因爲他們生活，而發展着某些互相來往關係，因之沒有看到這些來往關係底方式會和這些生產力底變化和生長一同改變自己。他沒有看到這些經濟的諸範疇只是這些現實的諸關係底抽象化，只在這些關係還繼續存在的時限內，是諸眞理。因此，他落到資產者的經濟學家們底迷妄裏面去了，他們把這些經濟的諸範疇當作永遠的諸規律而不當作歷史的諸規律看，其實這些規律只對一個特定的歷史的發展，對諸生產力底一個確定的發展是諸規律而已。所以蒲魯東先生不把政治經濟學的諸範疇當作現實的、過渡的、歷史的社會的諸關係底諸抽象化看，反而因一個神秘的顚倒底結果，把這些現實的諸關係只當作諸抽象底諸肉體化。這些抽象化本身就是從開天闢地當時起就微睡在天父胸懷裏的諸條文。

然而到這裏，我們底好好的蒲魯東先生就落到嚴重的精神的諸鬥爭裏去了。假如一切這些經濟的諸範疇是神靈的心情底諸顯現，假如它們是人類底暗默的和永遠的生活，那末，首先爲什麼有一個發展並且其次爲什麼蒲魯東先生不是一個保守派呢？他通過諸矛盾底一個全部體系來表明這些明顯的諸矛盾。

讓我們舉一個例子來看看這個充滿矛盾的體系。

獨佔是好的，因爲那是一個經濟的範疇，並且因此是上帝底一個顯現。競爭是好的，因爲宅也是一個經濟的範疇。但什麼是不好的呢？那就是獨佔底現實和競爭底現實。更壞的是什麼呢？那就是獨佔和競爭互相侵蝕的情形。那末，人家應當怎麼辦呢？因爲上帝底這兩個永遠的觀念互相矛盾着，所以，他覺得分明在上帝底懷抱裏面還有二者底一個綜合，在這個綜合裏面，獨佔底害處被競爭所抵消，倒轉來，競爭底害處被獨佔所抵消。這兩個觀念底這個鬥爭底結局就只有宅們底好處透露出來。只要把這個秘密的觀念從上帝心裏拉出來，然後應用宅，於是一切都變得整整齊齊；這隱藏在人類底非人格的理性底陰暗處的這個綜合的公式必須被揭發出來。蒲魯東先生一刻也不躊躇地上台來扮作揭發者。

但請您暫時注意一下現實的生活。在現代的經濟生活裏面，您不僅可以看到競爭和獨佔，而且可以看到宅們底綜合，這不是一個公式，而是一個運動。獨佔產生着競爭，競爭產生着獨佔。但這種均衡遠不能像資產者的經濟學家們所想像那樣，除去現在的情形底諸困難，甚而還產生更困難並更混亂的情形。假若您把現代的經濟的諸關係所寄托的基礎改變一番，假若您把現代的生產方式否定了，您就不僅否定了競爭、獨佔和宅們底對抗，而且也否定了宅們底統一，宅們底綜合，即否定了一個運動，在其中競爭和獨佔找到宅們底現實的均衡。

現在我想舉出蒲魯東先生底辯證法底一個例子來給您看。

自由和奴隸制度造成一個對抗。我用不着講自由底好處和壞處。講到奴隸制度，那就用不着講宅底壞處。只有一個東西需要一個說明，那就是奴隸制度底美善的方面。這關係不到間接的奴隸制度，關係不到無產者們底奴隸狀態；這關係到直接的奴隸制度，關係到在蘇里南、巴西、北美洲底南部諸國那裏的黑人們底奴隸狀態。

直接的奴隸制度是我們現代的工業主義底樞紐，正像機器信用等等一樣。沒有奴隸制度就沒有棉花，沒有棉花就沒有現代工業。奴隸制度甚而使諸殖民地有了宅們底價值，諸殖民地實現了世界商業，世界商業是大機器工業底必要條件。在黑奴買賣以前，諸殖民地究竟只供給了很少生產物給舊世界，因此沒有顯著地改變世界底面貌。可見，奴隸制度是一個經濟的範疇具有莫大的意義。沒有奴隸制度，居民最進步的北美洲也許會變成一個家長制的國土。假如從世界地圖上一筆鈎消了北美洲，那就會有商業和現代文明底無政府狀態即完全的沒落。但消滅奴隸制度就等於從世界地圖上一筆鈎消北美洲。因爲奴隸制度是一個經濟的範疇，所以從世界底開始起就在各民族中間有了奴隸制度。現代的諸民族只知道在本國內部掩蓋奴隸制度，而向新世界則公然輸入奴隸制度。經過這些觀察之後，蒲魯東先生取什麼態度對待奴隸制度呢？他想追求自由和奴隸制度底綜合，想追求黃金的中點即自由和奴隸制度底平衡。

蒲魯東先生很好懂得了人類生產着布匹、麻布、絲，並且他懂得這一點點，已經算得是大成就。但什麼東西蒲魯東先生不懂得呢？他不懂得人類也按照着他們底諸生產力來生產着社會的諸關係而在這社會的諸關係裏面生產着布匹和麻布。蒲魯東先生更不懂得那按照他們底物質的生產來生產着社會的諸關係的人類也生產着諸觀念、諸範疇，就是說生產着社會的諸關係本身底觀念的抽象的表現形態。這樣看來，諸範疇決不會比它們所表明的諸關係更永久些。諸範疇是歷史的過渡的諸生產物。但在蒲魯東先生底心目中諸抽象諸範疇是第一的諸原因。照他看來，並不是人類，而是諸範疇創造着歷史。抽象、範疇本身，就是說，離開了人類和他們底物質的活動，那當然是不死的、不變的、不化的，只是純粹理性底一個本質，這不外想主張：抽象本身是抽象的而已。可驚的同義異字底重複！

這樣一來，連經濟的諸關係，作爲諸範疇看來，在蒲魯東先生底心目中都是既無起源又無進展的永遠的諸公式了。

讓我們用另外一個方式來說：蒲魯東先生並不直接主張資產者的生活對他是一個永遠的眞理。但他間接地說出了這個主張，因爲他把形成資產者的諸關係底思想表現的那些範疇神聖化了。只要一旦資產者的社會底諸生產物向他把自己表現在諸範疇底形態中，在思想底形態中，他就把這些生產物當作獨立的，具有自己底生活的永遠的諸本質。這樣子，他就超脫不了資產者底地平線。因爲他預先肯定資產者的諸思想，爲永遠的眞理而用資產者的諸思想來工作，所以他追求這些思想底綜合，宅們底均衡而看不出宅們現在在均衡中維持自己的方式是唯一可能的方式。

其實他做着一切聰明的資產者們所做的事體。他們都告您說，競爭、獨佔之類在原則上，換言之，當作抽象的諸思想是生活底唯一的諸基礎，但在實際上宅們還有許多東西應當希望。他們都願意競爭沒有競爭底悲慘的結果。他們都願意不可能的事體，就是說，願意資產者的生活底諸關係沒有這些關係底不可避免的結果。他們都不懂得資產者的生產方式正像那封建的生產方式一樣是一個歷史的過渡的形態。因爲他們以爲資產者是任何社會底唯一可能的基礎，因爲他們不能想像一個社會狀態，在這裏面人類不必再做資產者，所以，他們才有這種愚昧迷妄。

所以蒲魯東先生不免有教條主義。推翻現代世界的這個歷史的運動，他以爲可以歸宿到發見資產者的兩個思想底綜合，正確的均衡這個任務上去。所以這個伶俐的小子用許多伶俐性來尋覓上帝底隱秘的思想，尋覓兩個孤立的思想底統一，這些思想只因蒲魯東先生使它們孤離了實際的生活，孤離了那靠這些思想而得了表現的現實的諸來往關係底一個配合，才是孤立的諸思想。

蒲魯東先生拿他頭腦底自作聰明來代替那從人類底既得的諸生產力和他們底已經不適合這些生產力的，社會的諸關係之間的衝突裏而發生的偉大的歷史的運動；來代替那在一個民族底諸階級中間和在諸民族中間準備起來的可怕的諸戰爭；來代替羣衆——唯獨羣衆可以解決這個衝突——代替羣衆底實踐的和强有力的行動；來代替這伸張到四方八面去的、繼續的、複雜的運動。這樣子，學者們能够從上帝底胸懷中掏出秘密的思想來的人們製造着歷史。小人們只要利用他們賢者們底啓示好了。——現在您可以知道爲什麼蒲魯東先生宣佈自己是任何政治運動底公開的敵人。他認爲現代諸問題底解決不靠社會的行動，而靠他頭腦底辯證的旋轉。因爲他以爲諸範疇是推動的諸力量，所以要改變諸範疇也用不着改變實際的生活。完全相反：只要改變諸範疇，結果現實的社會底改形就會發生。

滿腦子希望和緩諸矛盾，所以蒲魯東先生從來不會疑問到這些矛盾底基礎本身是不是一定不會被推翻。他偏像政治的教條主義者願意把君王和直屬內閣和上議院當作社會生活底構成的諸部分，當作永遠的諸範疇看一樣。他只追求一個新公式，想使這些勢力得到均衡（這些勢力底均衡在這些勢力之一忽然變成別人底征服者，忽然變成別人底奴隸的這種現代的運動裏面恰恰存在着）。十八世紀，曾有一批平凡的頭腦們忙於發見一個眞正的公式，想把社會的諸等級，貴族，君王，議會等等弄成均衡，而不料第二天早晨起來，君王也好，議會也好，貴族也好在實際上已經沒有了。在這種對抗中眞正的均衡就是推翻一切社會的諸關係，只要這些關係讓封建的諸生存及封建的諸生存底對抗把它們當作基礎用。

因爲蒲魯東先生一方面把永遠的諸觀念，純粹理性底諸範疇，安放在一邊，另一方面把人們和他們底實際的生活——據他意見便是這些範疇底運用——安放在一邊，您就可以看出在他那邊一開始就有生活和諸觀念之間，靈魂和肉體之間的一個二元論，在許多形態裏而重複過。現在您看：這種二元論的對抗是蒲魯東先生底無能——無能理解他奉爲神聖的諸範疇底俗世的起源和俗世的歷史。

我這封信已經太長，不擬再講到蒲魯東先生關於共產主義所做的，那種可笑的審判。目前您會同意我說：一個人旣不懂社會底現狀，就更用不着了解那消除這個現狀的運動和這個革命運動底文字的諸表現。

只有一點，我完全和蒲魯東先生一致，就是他討厭那種眼淚汪汪的社會主義的白晝做夢。早在他以前，我已經因爲嘲諷了那綿羊一樣溫順的眼淚汪汪的，烏托邦的社會主義引起了許多仇視。但當他把他底小資產者的情感——我說他底許多演講關於家政、婚姻的戀愛和一切這類的家常事——放在社會主義的情感——這種情感例如在傅立葉那裏要比可愛的蒲魯東底裝腔作勢的平凡更深刻得多——對面那時候，蒲魯東先生豈不也做了許多奇怪的幻想嗎？他親自完全覺得他自己底論據底空虛，他底完全的無能說出這些事體來，因此他就神昏顚倒地全身投到憤怒底爆發、叫喊，正人君子底怒氣冲冲裏去，因此他滿口泡沫，咒罵、申訴、大叫侮辱和殺人，因此他口中喃喃，搥着自己底胸膛，在上帝和人類面前大吹大擂說他一點沒有受過社會主義的沾汚！他對社會主義的情感或他以爲這類東西，沒有加以嚴厲的批評。他好像聖人好像神父一樣開除那些可憐的罪人們，歌誦那小資產階級底光榮和那可憐的家長的戀戀不捨家灶。而且這決不是一個偶然。蒲魯東先生是從頭到尾小資產階級底哲學家和經濟學家。小資產者在一個進步的社會裏面勢必因他底處境而一方面變成社會主義者而另一方面變成經濟學家，換句話說，他會受大資產階級底豪華所迷惑並對人民底苦痛表示同情。他同時是資產者和人民。在他底意識底深處，他以爲自己不偏不黨，發見了正確的均衡而自昂並主張這種均衡和普通的中庸之道不相同。這樣一個小資產者把矛盾奉爲神聖，因爲這矛盾是他底生存底基礎。他只是社會的矛盾在行動中。他在實踐中是個什麼東西，他必須用理論來辯護這個東西，而蒲魯東先生有功績做法國小資產階級底科學的傳聲筒，這是一個實際的功績，因爲小資產階級將成爲一切將來的社會的諸革命底一個本質的構成部分。

我曾希望我能够和這封信一起把我那本關於政治經濟學的書送給您，但至今我沒有可能把這本書和我曾在布魯塞爾對您講過的那個對德國哲學家們和社會主義者們的批評印刷出來。您簡直不會相信這樣一種出版在德國遇到什麽諸困難，一則在警察方面，二則在書商們方面，因書商們就是我所攻擊的一切傾向底利益代表者們。講到我們自己的黨，它不懂窮困，而且德國共產主義的黨大部分還對我沒有好感，因我反對他們底諸空想和諸講演。

完全您底　卡爾·馬克思

又及：您也許問我：爲什麽我要用拙劣的法文而不用熟練的德文來寫呢？因爲我不得不和一個法國作者周旋。（下略）

（二） 馬克思給石槐舟的信❶

（錄自『社會民主黨』一八六五年第十六、十七、十八號）

敬愛的先生！

昨天接到您底一封信，向我要關於蒲魯東詳細的批評。因時間不够，不容許我滿足您底願望。而且我手根前沒有他底著作。不過爲了向您表示我底好意，我迅速地寫下一個簡短的速描。您可以校對、補充、删除，一句話，您可以隨意辦理。

蒲魯東初期的諸嘗試，我已經記不起來了。他底學校時代底著作，論『世界語言』，表明他大胆妄爲地攷究一個問題，但要解决這個問題他連最初步的各種知識都沒有。

❶ 參看恩格斯序言註二——譯者。

他底第一部著作：『什麽是財產？』無條件地是他底最好的著作。那是劃時代的，雖不因內容之新鮮，但因一切都說出來的那種新鮮而大胆的方式。在他所知道的法國社會主義者們和共產主義者們底諸著作裏面，『財產』當然不僅被批判了，而且也被空想地『淘汰』了。蒲魯東在那本書裏面對待聖西門和傅立葉差不多好像費爾巴哈對待黑格爾那樣。和黑格爾比較起來，費爾巴哈是非常貧弱的。但他在黑格爾之後仍然是劃時代的，因爲他强調了某些對基督教意識確不愉快的但對批判底進步是重要的諸點，而黑格爾把這些點遺放在神秘的若明若暗裏面。

在蒲魯東底那個著作裏面——假若允許我說——文體底還算强壯的筋力佔着優勢。而且我認爲這個著作底文體對這個著作是主要的功績。可以看出，就算在僅僅重新生產着舊東西的時地上，蒲魯東獨立地發見着；也可以看出，他所說的事體對他甚而會是新鮮的，而且當作新鮮的看待。

挑戰的昂氣，觸犯着經濟學的『最高神聖』，才氣縱横的奇論，嗤笑着庸碌市民底悟性，刻薄的判斷，尖銳的諷刺，隨時流露的反抗底一個深刻而眞實的情感對於現世底齷齪，革命的眞誠——這一切使『什麼是財產？』底讀者感覺驚異，並且當此書初次出現那時引起了一個巨大的刺戟。在政治經濟學底一個嚴格科學的歷史裏面這個著作差不多沒有價值可提。但這種感動世人的諸著作在諸科學中正像在傳奇文學中一樣有宅們底作用。拿例如馬爾薩斯底著作『人口論』來說吧。當宅剛剛出版那時，宅不過是一個引動世人的小册子，而且自始至終是一個剽竊。但是這個譏諷著作給了人類多少刺戟！

假如我面前有他底書，那就很容易引幾個例子來證明他底第一種手法。在他親自認爲最重要的諸節裏面，他模仿着康德——當時他從諸翻譯裏面認識的唯一德國哲學家——底處理諸二律背反，而且留下了下述這個强烈的印象：他和康德一樣認爲諸二律背反是到人類悟性底『那邊』去才解决得了的東西，就是說，關於諸二律背反底解决，他自己底悟性莫明其妙。

儘管在表面上有大鬧天宮的味道，但在『什麼是財產？』裏面，早已可以看出下述矛盾：蒲魯東一方面從一個法國小佃農（後來就是小資產者）底立場上並且拿他底眼光來批判這個社會，另一方面用社會主義者們交給他的尺度來較量這個社會。

這個著作底缺陷已經在這個著作底標題裏面看得出來。把問題提得那樣錯誤，甚而連正確地答覆宅都不可能。古代的『財產諸關係』曾沒落在封建的裏面，封建的在『資產者的』裏面。歷史親自執行了宅底批判到過去的諸財產關係上去。對蒲魯東眞正有關的事體就是現存的近代資產者的財產。這種財產是什麼？對這個問題只能讓『政治經濟學』——宅包括那財產諸關係底全體，但不在宅們底法學的表現爲意志底諸關係裏面而在宅們底現實的姿態即作爲生產底諸關係裏面——底一個批判的分析來答覆。但因蒲魯東把這經濟的諸關係全體緄紮在『財產＝所有權』這個一般的法學觀念裏面，因此他也沒有能夠超出下面這個答覆：『財產＝所有權就是盜竊』，這個答覆早在一七八九年以前由勃里索用同一句說話來在類似的著作裏面指出過。

從這裏得出，至多就是：『盜竊』這個資產者法學的觀念也同樣可以適用到資產者本身底『誠實的』獲利上去。另一方面，因爲『盜竊』作爲財產＝所有權底暴力的損害預先設定着財產＝所有權，蒲魯東就親自糾纏在關於眞正資產者的財產＝所有權底各式各樣的連他自己都莫明其妙的諸幻想裏面。

當一八四四年我逗留巴黎時，我親身和蒲魯東往來過。我在這裏提起這件事體，因爲我在他底『假造』即英國人所謂商品底假冒上我也負連帶責任到某種程度。在長久的往往通宵的諸爭論中，我注射了黑格爾主義（不過因爲他不懂德文所以他不會能夠認眞研究過）到他身上去讓他受了很大的害毒。在我退出巴黎以後，卡爾葛林繼續進行了我曾開始過的事體。他作爲德國哲學底教員，比我還有特色，就是他一點也不懂德國哲學。

在他底第二個重要著作『貧困之哲學』出世以前不久，蒲魯東在一封很詳細的信裏面告訴我這書快出版，尤其有下面一句話：我等候着您底批判底鞭撻。這個批判立即用一個永遠停止我們底友誼的方式落到他頭上去了（在我底著作『哲學底貧困』裏面）。

從這裏所說的裏面，您可以看出蒲魯東底『貧困之哲學或經濟的諸矛盾底體系』原來就包含着這個答覆對於『什麼是財產？』那個問題。他在實際上却在『什麼是財產？』這本書出世之後才開始了他底經濟學的研究，他發見了：由他提出的那個問題是用詈駡來解答不了的，只有經過近代政治經濟學底分析才解答得了。他同時打算辯證地表明經濟的諸範疇底體系。在康德底不能解決的諸二律背反底地位上應當引進黑格爾底『矛盾』作爲發展底手段[1]。

作爲他底兩厚本書底一個評價，我只得指出我那個反對著作，那裏我在其他許多事體當中尤其指出：他不深入瞭解科學的辯證法底秘密；另一方面，因爲他把經濟的諸範疇不當作歷史的，即符合物質的生產底某一個發展階段的生產底諸

[1] 康德認爲當人類思想面臨例如宇宙底有限性或無限性，物質底可分性或不可分性這類一般的問題時，會捲入不可解決的矛盾中去，他稱這不可解決的矛盾爲二律背反。他覺得二律背反要到所謂『物自體』底超經驗的世界中去找解決。黑格爾認爲諸矛盾不僅在世界底我們的諸觀念裏面有，而且在世界本身裏面也有：諸矛盾客觀地現存着並且在發展底過程中解決着。——英文版註

關係底理論的諸表現來理解，反而把它們（諸範疇）作弄成存在以前的永遠的諸觀念，他分得了思辯哲學底諸玄想並且他經過這番周轉曲折之後又重新達到了資產者經濟學底立場。

我還進一步指出：關於他所進行批判的『政治經濟學』，他底知識何等淺薄而且有時甚而像小學生一樣，並且他和空想主義者們一起追求着一個所謂『科學』，靠它來在經驗以前空想出一個公式來『解決社會問題』，不想從歷史的運動——這一運動本身生產出解放底物質的諸條件來——底批判的認識裏面創造出科學來。不過我曾特別指出：蒲魯東關於全體底基礎，關於交換價值，仍舊在混亂、錯誤和膚淺的狀態中，甚而他企圖把李嘉圖價值理論底空想主義的解釋用作一個新科學底基礎。關於他底一般的立場，我總括地像下面那樣判斷。

『每個經濟的關係都有一個好的和一個壞的方面，只有在這一點上蒲魯東先生沒有親手打自己的嘴巴。他看見爲經濟學家們所闡發的好的方面，他看見爲社會主義者們所揭發的壞的方面。他從經濟學家們手裏借用那永遠的諸關係底必然性；他從社會主義者們手裏借用那在貧困裏面只看貧困的幻覺（在貧困裏面看不出革命的、毀滅的、推翻舊社會的那個方面）。當他想依靠科學底權威時，他就和雙方妥協。科學在他心目中就縮小到一個科學的公式這樣可憐的程度；他是一個追逐公式的人。這樣子，蒲魯東先生自命不凡地認爲自己批判了政治經濟學和共產主義雙方，其實他比雙方低得多。比經濟學家們低，因爲他當作一個哲學家，手裏有一個魔術的公式，就以爲可以不必進到純經濟學的細節目裏面去了；比社會主義者們低，因爲他既充分沒有勇氣，又充分沒有智力，把自己——那怕僅僅超經驗地深思一番而已也得——提高到資產者的地平線以上去。……他想要做一個科學家逍遙在資產者們和無產者們底上面；其實他只不過是在資本和勞動中間，在政治經濟學和共產主義中間不斷顛來倒去的小資產者而已。」

上述判斷似乎嚴厲，但今天仍舊不得不肯定這個判斷底每一句話。然而同時不能忘記，當我宣佈並在理論上證明蒲魯東底那本書是小資產者社會主義底經典時，蒲魯東還被經濟學家們同時被社會主義者們咒罵爲革命首魁。因此我後來也決沒有符和過那種叫囂說他『叛變』了革命。他不僅被人家誤解而且自己也誤解了自己，但儘管他沒有滿足種種份外的諸希望，也不能算他底罪過。

在『貧困之哲學』裏面蒲魯東底表達方式底一切缺點都暴露了，和『什麽是財產？』對照起來確實非常不利。文體往往是法國人所說的誇大。當他喪失了高盧人（法國人祖先）的銳敏時，那種冒充德國哲學的假裝思辯的胡說八道就會照例出現。一種叫賣商人的自吹自擂的調子，尤其經常很不愉快地亂談『科學』並用『科學』來作華而不實的粧飾，不斷地刺人耳朵。充滿着第一個著作的那種眞實的熱情這裏已經沒有了，這裏有些地方系統地變成了飄浮的亢奮。又加這個獨學者對獨創的自己思索已經失去了原來的自負心，現在當作科學底倖進者誤以爲可以拿他自己所沒有的和不是自己的東西來誇耀自己了，於是就有了令人欲嘔的假粧博學。此外還有小資產者底意識：他無禮地粗暴地——既不銳利、又不深刻、更不正確地——攻擊像卡伯這樣一個因他實際關心無產階級而受到尊敬的人，相反地對一個像丟奴阿埃（無論如何是『國家顧問』）這樣的人卻慇懃備至，但這個丟奴阿埃底全部意義只不過是一種滑稽的熱心，在三厚本非常無聊的著作裏面鼓吹嚴格主義，這個主義被愛爾維修斯形容成：『人家要不幸者們也應當完全無缺』。

二月革命實在對蒲魯東非常不合時宜，因他正在數星期前，不容爭辯地證明了『諸革命底時代』已經永遠過去了。國民會議中他底出現儘管證明他沒有洞察他面前的諸關係，但值得一切稱讚。在六月起義之後這個行動有巨大的勇氣。而且此舉還收了幸福的結果，就是蒂埃兒先生在議會中用演說並且後來用專刊來反對蒲魯東底提案，向全歐洲證明了法國資產階級底知識的台柱究竟立足在什麼一種孩子氣底台架上面。實在和蒂埃兒先生比較起來，蒲魯東顯得像大洪水以前的巨人一樣。

蒲魯東底發見『無利息信用借貸』和以此爲根據的『人民銀行』是他底最後的經濟『諸事業』。在我底著作『經濟學批判』第一冊裏面，可以看出下述證明就是：他底觀點底理論的基礎乃從資產者『經濟學』底最初諸要素即商品和貨幣底關係底一個誤解裏面發生，而實際的上層建築只是許多陳舊的並且精製得更好得多的諸計劃底再生產而已。沒有疑問，完全像例如在十八世紀初期和後來又一次在十九世紀初期底英國，當財產從一個階級轉移到另一個階級手裏去時信用制度曾供給了便利一樣，在某些經濟的和政治的諸情形下面，信用制度在促進勞動階級底解放上能够供給便利。但是若把帶息資本當作資本底主要形式看，不過想把信用制度底一個特殊的應用即所謂廢除利息，當作社會改造底據點，這就是一個完全小資產者庸人的幻想。因此，這個幻想在實際上也已經在十七世紀底英國小資產階級底經濟的代言人們中間傳佈得很廣。關於帶息資本，蒲魯東對巴斯齊亞的論爭（一八五〇年）比『貧困之哲學』低得多。他弄到甚而挨巴斯齊亞底打，並且挨敵人打一次，就發一次滑稽的怪聲出來。

幾年前，蒲魯東寫過關於捐稅的一個懸賞論文——我記得是洛桑政府懸賞的。這裏連天才底最後的痕跡都消失了。剩下只有赤裸裸的小資產者根性而已。

講到他底政治的和哲學的諸著作，這些東西像經濟的著作一樣表明同樣充滿矛盾的二重的性格。而且它們只有地方的意義。他攻擊過宗教、教會等等，這些攻擊當時還有一個巨大的地方的功績，當時法國社會主義者們很願意用他們底宗教熱忱來表示他們比十八世紀底資產者伏爾泰主義並比十九世紀底德國無神主義站得更高。假如彼得大帝用野蠻（殘暴）來打敗了俄羅斯的野蠻狀態㊀，那末，蒲魯東不過盡了他底最善用詞句來打敗了法國人的玩弄詞句而已。

他論政變那篇文字，在這裏面，他向拿破崙第三獻媚，在實際上竭力把拿破崙第三寫得適合法國工人們底脾胃，還有最後一篇反對波蘭的文章，在這裏面爲了沙皇底偉大的光榮，他表明了咳嗽病一樣的犬儒主義，這些文章應該不僅算作壞文章而且應當算作卑鄙齷齪，無論如何符合小資產者的立場的卑鄙齷齪。人家往往把蒲魯東比作盧騷。比這更錯誤的事體再也沒有了。他倒更有點像

㊀ 馬克思指點彼得第一世（一六七二年——一七二五年）所行殘暴乃是諸改革帶了這個殘暴來促進資本主義底發展在俄國而已。

——英文版註

尼戈拉斯·蘭格，不過順便說，他底民法理論是一本非常精采的書。

蒲魯東天性傾向着辯證法。不過因爲他向不理解眞正科學的辯證法，所以把它弄成詭辯了。實在這件事體和他底小資產者的立場有關係。像歷史著述家勞默兒一樣，小資產者是從一個方面和另一個方面合併起來的。在他底經濟的諸利害上是這樣，因之在他底政治上，在他底宗教的科學的和藝術的諸見解上也是這樣。在他底道德上，在一切事體上都是這樣。他是一個鮮活的矛盾。假若他外加像蒲魯東一樣是一個聰明人，他就會學到玩弄他自己底諸矛盾且每逢種種情況而把諸矛盾製造成刺人的，噪雜的，有時無耻的，有時輝煌的怪論。科學的吹噓和政治的奉迎不會離開這種立場。那裏只剩一個統治的動機，就是主體底虛榮，並且像在一切虛榮者們那裏一樣只關心目前底成功，當天底體面。因此免不了喪失單純的道德的節操，而這個節操使一個盧騷親自經常遠離類似迎合權勢之舉。

也許後世人會形容法國底現狀而像下面那樣說：拿破崙第三曾是法國人底拿破崙，蒲魯東曾是法國人底盧騷、伏爾泰兒。

您在此人底死後很快把死人審判官底職責交給我，現在您自己對此事一定負得起責任了。

您底忠實的卡爾·馬克思
一八六五年一月二十四日倫敦

一九四三年六月二十九日譯完

哲學底貧困

著者 馬克思
譯者 何思敬
出版者 解放社
發行者 新華書店
上海四川北路新鄉路一號
印刷者 新華印刷廠
上海西康路四八九號

0222

1949年11月 1—1,0000 (S1)